예영세계선교신서 ⑫

인카네이션

예영세계선교신서 ⑫

인카네이션

펴낸 날 · 2009년 11월 25일 | **초판 2쇄 찍은 날** · 2009년 12월 3일
지은이 · 박광배 | **펴낸이** · 김승태
등록번호 · 제2-1349호(1992. 3. 31) | **펴낸 곳** · 예영커뮤니케이션
주소 · (136-825) 서울시 성북구 성북1동 179-56 | **홈페이지** www.jeyoung.com
출판사업부 · T. (02)766-8931 F. (02)766-8934 e-mail: edit1@jeyoung.com
출판유통사업부 · T. (02)766-7912 F. (02)766-8934 e-mail: sales@jeyoung.com

copyright ⓒ 2009, 박광배
ISBN 978-89-8350-543-9(04230)
　　 978-89-8350-542-2 세트

값 10,000원

예영세계선교신서 ⑫

인카네이션
incarnation

육신을 입고 이 땅에 오신 예수님 같이 복음을 전하기 위하여
한국인으로서 러시아인이 되어 살아가는
선교사 이야기

박광배 지음

예영커뮤니케이션

헌사

오늘도 오지에서 복음 때문에 이 땅의 안락한 생활을 뒤로하고

영원한 하늘의 영광을 소망하며 헌신하는 모든 선교사들과

이들이 있기까지 헌신적으로 지도하여 주시고 지원하여 주시는

이 땅의 모든 선교 후원자님들에게 이 책을 바칩니다.

★ 차례

지금 내가 사역하는 나호드까(Nahodka) 교회 강대상 의자에는 방석 두 개가 놓여 있다. 한 장은 내가 기도할 때 방석용으로, 또 한 장은 무릎덮개용으로 사용하고 있다. 이 두 개의 방석은 중풍으로 누워 있던 러시아 성도가 직접 손으로 짠 방석이다. 실 색깔도 총천연색이다. 그렇다고 정교한 무늬가 수놓아진 것은 아니다. 색깔 하나하나마다 원을 돌린 단순한 디자인에 색도 많이 바래 다소 촌스럽지만 나에게는 그 무엇보다 소중한 선물이다.

새벽시간에 기도할 때에 방석을 깔고 덮고 있으면 나의 마음을 가장 편안하고 따뜻하게 만들어 주는 방석이다. 앞으로도 내가 사역하는 현장에서 기도할 때마다 이 방석을 사용하게 될 것이다.

이 방석은 러시아 성도인 발렌찌나 찌하노브라는 분에게 받은 선물이다. 이분은 남편과 정상적으로 믿음생활을 잘 하다가 어느 날 중풍으로 집에 계시게 되었다. 평소에도 지역에 사는 성도들을 심방하며 돌보았지만 특별히 이분에게는 한 달에 한 번 행하는 성찬식에 참석하지 못하는 관계로 휴대용 성찬기를 준비해서 집에서 성찬식을 거행해 드렸다.

우리 한국 교회의 참 좋은 전통이 있다면 심방이다. 한국 선교사들은 사역을 시작할 때부터 선배들로부터 심방교육을 잘 받아 선교지에서도 심방 가는 데에 전혀 어색함이 없다. 나 역시 기회만 되면 성도들의 집을 심방하는데, 이분처럼 병으로 누워 계신 분들은 특히 고마워하며 반긴다.

어느 날 심방하였더니 이분께서 이제 막 뜨개질을 시작한 방석을 보여 주었다. 그러면서 중풍으로 불편해진 어눌한 말로 이렇게 말했다.

"나는 이것 다 완성하기 전에는 천국 안 갑니다."

방석 하나에 큰 의미를 두는 게 궁금해서 어디에 쓸 것이냐고 물었더니 "목사님께 드릴 기도 방석입니다." 하는 것이었다.

"그런데 색깔이 왜 이렇게 여러 가지입니까?"

"목사님, 나는 돈이 없어 실을 살 수가 없어요. 그래서 이제는 필요 없는 내 옷들을 깨끗이 씻어서 실을 풀어 방석을 짜는데 괜찮으시죠?"

들는 순간 코끝이 찡했다. 순간적으로 멍해진 나는 이분의 손만 잡아 드렸을 뿐 아무 말도 할 수 없었다.

정상인은 짧은 시간에 마무리할 수 있는 뜨개질을 이분은 수개월이 걸려 드디어 완성하고는 약속대로 나에게 선물했다. 방석을 선물 받던 날은 추운 겨울이었는데, 이분은 방석을 완성한 것이 스스로도 정말 기뻤는지 따뜻한 볕이 드는 창가에서 나를 기다리다가 심방 오는 나를 보고는 방석을 들고 마구 흔들었다. 지금은 천국에 가 계신 그 분의 어린아이 같던 모습이 눈에 선하다.

돈이 없어 자기 옷들을 깨끗이 빨아 그것을 풀어 방석을 짜다니, 이 얼마나 아름다운 마음인가! 숭고하다고 표현해도 과언은 아닐 것이다. 그런 숭고한 선물을 내가 받은 것이다.

러시아 선교를 시작한 지 20년이 되어 간다. 그 동안 고생도 숱하게 했고 보람을 느낀 적도 많았지만, 이 방석이야말로 러시아 선교 20년을 자축할 만한 가장 기쁘고 상징적인 선물이라고 생각한다. 이 방석을 깔고 기도를 할 때면, 나의 기도도 방석을 짜던 그 성도님의 마음처럼 한 올 한 올 경건해지는 것을 느낀다.

주로 개척교회에서 사역을 하던 내가 해외선교에 관심을 갖게 된 것은 1990년 강릉에서 당시 명지학원 선교실장이셨던 유병우 목사님을 모시고 관동대학교 교목실에서 일을 하던 때였다. 어느 날 새벽에 묵상을 하는데 시편 2편 8절이 마음에 다가왔다.

"내게 구하라. 내가 이방 나라를 네 유업으로 주리니 네 소유가
땅 끝까지 이르리로다."

그때 '이방 나라'라는 단어가 나에게는 해외선교를 하라는 하나님
의 음성으로 들어 왔다. 하나님이 나에게 "이방 나라를 네 유업으로 주
리라"는 말씀에 온몸이 감전되듯 하면서 선교에 대한 강한 소명을 품
게 되었다.

그 후 소련선교회에서 이미 러시아어 언어 훈련을 받고 있었던 하
바로프스크의 남일우 선교사님이 "문이 열린 러시아로 들어가자."고 제
안을 하였다. 마침 소련선교회에서 제2차 러시아 선교사 지원을 받는다
는 말을 듣고 지원서를 제출하였다. 다행히 나를 선교사로 영입하여 주
셔서 우리는 매일 하루에 6시간씩 러시아어를 공부하며 선교사 훈련을
받기 시작하였다. 이 모든 일들이 1년도 안 되는 짧은 시간에 일어났다.

소련선교회에서 러시아어를 공부하고 있던 어느 날 중국에서 총
신대로 와 공부하고 있던 김인철 목사가 〈기독신문〉을 보여 주었다. 그
신문에 '서울 남교회에서 러시아 선교사로 지원할 사람을 찾는다'는 광
고가 있었다. 나는 즉시 지원하였고, 서울 남교회 당회에서는 많은 지
원자들 가운데 나를 당시 여전도회 헌신예배에 강사로 초청하여 말씀
을 들어보고 파송선교사로 결정해 주셨다.

1991년의 러시아 선교는 황무지였다. 러시아에는 이미 북한에서

농사를 짓기 위하여 입국하여 살고 있던 고려인들이 있었다. 한반도와 국경을 접한 중국은 17세기부터 압록강과 두만강 인근의 만주 지역을 청나라 태조의 발상지라 하여 사람들의 출입을 금지하는 이른바 '봉금령'을 내렸다. 따라서 한반도를 떠날 입장에 처한 대부분의 한(韓)인들은 만주 지방이 아닌 연해주 지역으로 진출하기 시작하였다.

특히 '홍경래의 난'(1812년) 이후 조선 조정에 불만을 가졌거나 곤란한 입장에 처한 양반들과 생활고에 시달리던 농민들이 연해주로 이주하기 시작하였다. 그 후 1860년 북경 조약에 의해 연해주가 러시아의 영토가 되면서, 러시아 정부는 변방 개척을 위해 한(韓)인들의 입국을 허용하고 토지를 제공하는 등 각종 편의를 제공하게 되어 시간이 갈수록 이주하는 한(韓)인들이 늘어났다.

러시아의 기록에 의하면 1857년부터 러시아 국경 지대에 출현하던 한(韓)인들이 1863년부터 두만강에서 가까운 포시에트 지방에 한인 마을을 형성하였다는 기록이 남아 있다. 이것은 학계에서 인정한 최초의 한(韓)인 해외 이주가 된다. 1860년대 초창기 이주 사례는 주로 함경도 출신의 가난한 농민들이 국경을 넘어 연해주로 이주하는 경우가 대부분을 차지하였다. 즉 민란과 병란으로 사회적 혼란이 가중되고 특히 정부와 타락한 벼슬아치로부터 푸대접을 받게 되자 농민들은 자구책의 수단으로 연해주를 선택하였던 것이다. 초창기에는 이렇듯 빈곤한 농민들이 생계를 목적으로 국경을 넘어가는 이른바 '농민이주'가 대부분을 차지하였다.

공식적으로 2009년은 러시아 장로교 선교 100주년이 되는 의미 있는 해다. 우리나라는 1909년도에 평양에서 러시아 블라디보스톡으로 최관홀 선교사를 보내서 선교 사역을 시작하였다. 그러나 이 사역은 공산주의가 들어오면서 명맥이 끊겼다. 공산주의 종주국인 된 러시아는 그 후 70년이 넘도록 신앙의 불모지로 있다가 구소련의 해체를 계기로 다시 선교사들이 들어가기 시작했다. 내가 러시아로 떠난 것이 그 무렵이었다.

나는 러시아에 있는 고려인들에게 한국 문화를 소개하고 한국어를 가르치며 선교하는 것으로 당시 소련선교회에서 교육을 받았다. 그때 선교사들은 현지 고려인들이 어느 지역에 많이 있느냐에 따라 지원자의 수도 달랐는데, 러시아 연해주에서 외국 선교사로는 내가 제1호였다. 물론 그 후에 몇 달 차이로 또 다른 선교사들이 연해주로 계속 들어왔다.

러시아 연해주 제1호 한국 선교사라는 수식어는 아마도 내 선교 사역에 계속 꼬리표로 붙으리라 생각된다. 그리고 이 수식어가 보이지 않게 나에게 사명감을 더하여 주고 행동도 조심하게 만든다.

제1호라는 수식어는 또 있다. 한국인으로서는 최초로 러시아 국적을 취득했다는 것이다. 이런 기록은 그 자체로는 나쁠 게 없다. 다만 이런 기록에 걸맞는 품위와 본이 필요하다는 생각에 항상 나를 채찍질하여 무거운 책임감을 느끼고 있다.

그러고 보니 벌써 18년인가!

김포국제공항 옆 들판에 벼 이삭이 황금색으로 익어가던 화창한 가을에 러시아로 떠나던 날이 엊그제 같다. 지금까지 인도하신 하나님께 감사하기만 하다.

또한 보이지 않는 곳에서 나의 러시아 선교 사역을 믿고 지원하여 주신 주 후원교회와 협력하는 교회들과 개인들, 그리고 가족들에게도 감사를 드린다. 이들이야 말로 정말 하나님으로부터 칭찬 받아야 할 하나님 나라의 영웅들이기 때문이다.

1
70년의 선교 불모지 러시아로

1991년 9월 21일 토요일, 나는 러시아로 가기 위해 경유지 일본 니가타행 비행기에 몸을 실었다.

당시만 해도 선교지로 간다고 하면 많은 성도들과 가족들이 공항까지 배웅을 나와 주는 따뜻함이 있었다. 내가 떠나던 날도 당시 후원 교회 담임목사이신 박원섭 목사님과 선교위원장 이일남 장로님과 당회원들, 친구 목사님들과 가족들이 공항 대합실을 가득 메웠다. 이들을 뒤로 하고 마침내 공항 수속실로 들어설 때에는 두 눈에서 흐르는 눈물을 주체하지 못했다. 배웅 나온 분들에게 눈물이 보일까 봐 등을 돌릴 수가 없었다. 다시는 못 돌아올 곳으로 가는 기분이었다.

내가 떠나기 직전인 1991년 8월에 러시아는 정치적인 격변기를 거치고 있었다. 개방을 진행하던 미하일 고르바초프(Mikhail Ser-geevich Gorbachev) 소련 연방 서기장에게 공산당이 쿠데타를 일으켜 국회 건물을 장악하고는 다시 공산주의로 돌아가자고 국민들에게 호소하는 사건이 일어났다. 상황이 어떻게 흘러갈지, 곧 러시아로 떠날 나에게는 초미의 관심사일 수밖에 없었다.

결과는 누구도 생각지 못했던 방법으로 일주일 만에 진압되었다. 정부군은 탱크로 국회 의사당 건물을 무차별적으로 공격하며 쿠데타 세력들의 항복을 받아냈다. 당시 보리스 옐친(Boris Nikolayevich Yeltsin)은 탱크 위에 올라가서 모스크바 시민을 향해 쿠데타 세력들의 옳지 않은 선택을 지적하며 지속적인 개방과 개혁을 호소했다. 옐친은 탱크 위에서의 연설로 러시아 국내는 물론 세계 뉴스를 타며 일약 정치적인 스타로 등장했다. 그는 이 사건으로 모든 국민들에게 지도자로서 강하게 각인되었고, 해체된 소련 연방에서 독립한 러시아는 초대 대통령으로 옐친을 선택했다.

나는 그렇게 어수선하고 불안한 나라로 선교를 하겠다고 출발을 한 것이다. 당시 러시아와 한국은 정식 국교도 없었다. 러시아를 방문하려면 외무부에서 3개월씩 주는 특정국가 여행 허가를 받아야 가능했다. 직항로도 없어서 김포에서 일본을 경유하여 러시아의 하바로프스크(Khabarovsk)공항으로 들어가야만 했다.

나는 기내에서 창밖에 넓게 펼쳐진 김포평야의 고개 숙인 벼 이삭들을 바라보며 기도했다.

"주님, 추수할 저 곡식들같이 선교 현장에도 풍성한 열매들이 있게 해 주세요."

기도를 하고 나자 처음 선교의 소명감을 갖게 해 준 시편 말씀이 다시 떠올랐다.

"너는 내게 구하라, 내가 열방을 유업으로 주리니 네 소유가 땅 끝까지 이르리로다."

어떻게 인도하실지 누구와 일하게 하실지 모든 것이 궁금하지만 사전 답사도 없이 소련선교회에서 지정한 곳으로 무조건 가고 있었다. 갈 바를 알지 못하고 떠나는 아브라함의 심정이었다.

나를 낳아 주고 35년간 많은 것을 배우고 경험하게 한 모국을 뒤로 하고 낯선 선교지로 떠나는 내 가슴은 설렘과 두려움, 선교지에 대한 기대감이 혼란스럽게 뒤섞여 있었다.

김포를 출발한 비행기가 3시간 남짓 날아 도착한 일본 니가타공항은 작지만 깔끔했다. 활주로에서 러시아 항공기 아에로플로트를 발견한 순간 "공산당 종주국인 러시아에 정말 내가 들어가기는 가는구나." 하는 긴장감이 다시 밀려왔다.

'괜찮아, 하나님이 함께하시니 두려워하지 마. 세상 끝날까지 하나님이 너와 함께하신다고 하지 않았니? 당황하지 마. 하나님이 길을 열어 주실테니까.'

나는 두려움에 젖어 있는 자신을 수도 없이 다독거리며 격려했다.

비행기에 탑승하고 보니 대한항공과는 달리 크기도 작고 좌석도 초라했다. 여승무원도 다른 나라와는 달리 전부 아줌마들이었는데, 키가 170센티가 넘고 체중이 80킬로는 넘어 보이게 건장해 무엇을 먹겠느냐고 묻는 말조차 처음으로 러시아로 들어가는 나를 기가 죽게 만들었다. 기내의 승객은 외국에서 원양 어선을 타다가 본국으로 귀국하는 러시아 선원들이 대다수였다. 피곤한 모습으로 술에 취해 동료들과 이야기하는 러시아인들을 보고 있자니 내가 저들에게 어떻게 다가가서 복음을 전해야 되나 암담하기만 했다.

비행기가 일본을 출발한 지 2시간쯤 지나자 실내는 갑자기 냉기가 느껴지기 시작했다. 러시아 상공이라는 것이 기내 온도로 느껴졌다. 기내 곳곳에서 두터운 겨울옷으로 갈아입는 사람들로 갑자기 어수선했다. 나는 한국 가을 날씨에 맞는 가벼운 옷을 입고 있었기에 싸늘한 기운을 느끼며 기내에서 비행기가 착륙하기만을 기다렸다.

얼마나 지났을까? 비행기는 굉음을 내며 활주로에 도착했다. 활주로에 착륙하는 비행기는 그야말로 사뿐하게 앉았다. 러시아 비행기 조종사들의 조종 실력을 말로만 들었지만 이렇게 뛰어난 실력으로 착륙하는 모습에 놀랐다. 활주로에서 우리를 맞이하는 국경수비대 소속 군인들은 군복에 총까지 메고 있어서 내가 어떤 나라에 왔는지 설명이 필요하지 않았다. 9월의 러시아 날씨는 한국의 초겨울처럼 쌀쌀하기만 했다. 한국과 일본에서 보았던 푸른 녹색이 러시아 공항에서는 이미 형형색색 단풍으로 물들어 있다.

공항 입국 수속은 법무부 소속인 출입국 관리 사무소 소속 직원들이 아니라 국경수비대 소속 군인들이 담당하고 있었다. 모든 서류를 꼼꼼히 점검하며 날카로운 눈으로 조사를 하는데 가슴이 공연히 떨려왔다. '내가 선교사라는 사실을 알고 입국을 허락하지 않으면 어떻게 하나' 하는 걱정도 들었다.

경제적인 어려움 속에서도 러시아 군대는 여전히 막강하다.

모퉁이돌선교회의 이삭 목사가 한 말이 생각이 났다.

"중국이나 북한 등 공산권 나라로 들어갈 때는 눈동자가 풀어진 것처럼 멍하게 사람을 쳐다보는 게 좋아요."

나는 그 말을 떠올리며 최대한 멍청하고 무심한 표정을 지었다. 그 표정이 먹힌 것인지 무사히 입국이 허락되었다.

그런데 공항에는 나를 마중 나오기로 한 남일우 선교사가 보이지 않았다. 조금 늦는가 하고 한참을 기다려도 오지 않았다. 당시 남일우 선교사님은 1991년 4월에 먼저 현지에 들어와 사역하고 계셨다. 하바로프스크에서 많이 떨어진 히브리인들 자치구로 선교 여행을 가셨다가 공항에 나오는 시간대를 놓치셨다는 것을 나중에야 알았다.

지금처럼 핸드폰이 있는 때도 아니어서 짐을 갖고 무작정 기다리고 있자니 불안하고 당황스러웠다. 당시 나는 여행용 가방이 3개나 되었다. 자루 모양으로 3단으로 된 이 가방은 다 펴면 크기가 내 허리까지 올라왔다. 음식은 밑반찬으로 멸치와 김, 오래 두고 먹을 수 있는 각종 젓갈 종류가 있었고, 선교지에서 만날 사람들에게 줄 한국적인 문화가 담긴 민속 선물들, 그리고 러시아인들에게 맛보여 줄 고추장 된장까지 가방 세 개에 가득했다. 당시 나의 선교를 주선한 서울 남교회의 박원섭 담임목사님과 선교 담당 이일남 장로님께서 꼼꼼하게 챙겨 주신 것들이었다. 그리고 선교비용은 무조건 미화 100달러 화폐로 준비해 갖고 있었다. 당시 100불은 러시아 서민들이 3개월은 일해야 만질 수 있는 엄청 큰돈이었다.

이렇게 많은 짐과 돈을 갖고 있는데 마중 나올 사람이 보이지 않으니 난감했다. 갑자기 국제 미아가 된 느낌이었다. 시간은 저녁 시간이라 밖은 점점 어두워지고 있었다. 함께 입국했던 사람들이 공항을 다 빠져나가고 혼자만 남아 있으니까 앞이 캄캄했다.

3개월 동안 열심히 소련선교회에서 러시아어 공부를 했지만 누가 다가와 말을 하는데도 도대체 알아들을 수가 없었다. 급한 건 나여서 내가 먼저 무슨 말이든 하고 싶었지만 입에서는 단 한 마디도 나오지 않았다. 선교지에 가면 능숙하게 유창한 현지어가 나오고 알아들을 것만 같았던 생각이 단박에 무너지는 순간이었다. '내가 선교사 맞나? 이래서 어떻게 선교하지?' 하는 불안한 생각이 절로 들었다.

어쨌거나 아무도 없는 공항에 그대로 있을 수는 없었다. 순간 하바로프스크에 가면 꼭 찾아가 보라고 소련선교회 김영국 장로님이 주신 주소가 생각났다. 가방 깊숙이 넣어 두었던 주소를 꺼내 들고 어떻게 찾아가야 하나 고민하고 있는데 누가 나에게 말을 걸며 다가왔다.

그건 세계 모든 사람들이 알아들을 수 있는 말이었다.

"택시?"

임신 8개월은 됨직한 배, 머리에 꾹 눌러쓴 모자, 깎지 않은 턱 수염과 콧수염, 어디를 보아도 꼭 소도둑 같이 보이는 남자가 나에게 택시가 필요한지 묻고 있었다. 택시기사인 것은 분명했지만, 그 험한 용모에 놀란 사람들이 다른 택시들을 타고 가 손님이 없자 공항 안에 다른 손님을 찾으러 왔다가 나를 발견했을 것이라는 생각이 들었다.

나 역시 그의 인상이 무서웠지만 다른 선택이 없었다. 나는 손에 꼬깃꼬깃 들고 있던 주소를 그에게 주면서 물었다.

"하라쇼?"

나를 이 주소지로 데려다 줄 수 있느냐는 내 방식의 표현이었다. 다행히 이 짧은 러시아어가 그에게 통했는지 종이의 주소지를 보고는 "하라쇼!" 가겠다고 했다.

정작 불안은 그 다음에 찾아왔다.

"이 기사가 나를 산으로 데려다 놓고 주머니에 있는 몇 달치 선교비나 내 짐을 다 빼앗아 가고 나를 버리면 어떻게 하지?"

택시 안에서 나는 오로지 기도만 했다.

"하나님! 이 기사가 나를 목적지까지 무사히 데려다 주도록 도와주십시오. 충실한 하나님의 일만 하는 일꾼으로 살겠습니다."

시내를 벗어나자 이미 한밤중이어서 사방이 어두컴컴했고 어디로 가는지 방향도 알 수 없었다. 하긴 처음 오는 이 도시를 내가 어떻게 알 수 있겠는가.

건물은 대부분 우중충한 회색빛이었고, 어둠 속에 언뜻언뜻 보이는 사람들은 무표정했다. 남자나 여자나 덩치들은 하나같이 운동선수처럼 크고 건장해서 내가 이들에게 영적 지도자로 왔다는 것이 스스로

러시아에는 육식이나 유제품을 주로 먹는 음식 문화로 인해서
비만인 사람들이 많다.

우습게 느껴지고 초라하게만 생각되었다.

　얼마를 갔을까. 한적한 아파트 앞에 차를 세우더니 기사가 부리
나케 안으로 뛰어 들어갔다. 무슨 일인가 조마조마 하고 있었는데 잠시
후 기사가 누군가와 함께 나왔다. 고려인이었다. 내가 찾던 하바로프스
크 양 선생 집에 무사히 도착한 것이었다.

　"하나님! 감사합니다. 하나님! 감사합니다."

　무사히 도착했다는 생각에 감사하다는 말밖에 생각나지 않았다.

2
연해주의 한국인 1호 선교사

양 선생과 나는 처음 만나는 사이였지만 우리는 한국의 김영국 장로님을 통하여 소개를 받았던 사이였다. 양 선생의 아파트 실내는 밖의 초라한 분위기와는 달리 고급스러운 분위기가 있었다. 특히 서재에 있는 많은 책들에 놀랐다. 두 부부가 모두 대학 출신이고 아이들도 대학생들이었다. 수준 높아 보이는 교양과 문화가 피부로 느껴졌다.

내가 들어가자 주인 아주머니 마리아는 부엌에서 열심히 음식을 만드느라 분주했다.

"우리도 왜 이리 안 오시나 걱정했습니다. 저녁 안 드셨지요?"

러시아에도 이렇게 유창하게 한국말로 표현하는 고려인이 있는 사실에 나는 너무 놀랐다.

양 선생 부부는 사할린에서 살다가 하바로프스크로 유학을 와 정착한 부부였다. 다행히 두 사람 다 부모님을 통하여 한국말을 배워서 의사 표현이나 대화에 어려움이 전혀 없었다.

저녁을 먹고 있는 사이에 양 선생님으로부터 내가 왔다는 소식을 들은 남일우 선교사님이 아파트로 찾아 왔다. 4월에 먼저 러시아로 들어와서 하바로프스크에서 사역을 시작한 그가 그렇게 반가울 수가 없었다. 마음이 편안해지자 공항과 택시 안에서 느끼던 그 불안들마저 하나님이 나의 마음을 단련시키기 위하여 예비해 놓으신 일처럼 여겨졌다.

우리는 밤늦게까지 내가 일할 선교지 나호드까로 어떻게 갈지, 누구와 같이 가고 어느 집을 찾아가야 할지 등을 의논했다. 다음 날은 남일우 목사님 댁으로 옮겨 거기에서 닷새를 기다리며 통역을 찾았다. 지리적으로 하바로프스크가 러시아 극동에서 많은 도시로 가는 경유지가 되다 보니 지금이나 그때나 남일우 목사님은 셀 수 없이 많은 사람들을 공항에서 픽업하여 집으로 모시고 와서 식사와 잠자리를 제공하고 다시 보내드리는 일을 천직처럼 해 오고 계셨다.

당시만 해도 쌀이 없었다. 남일우 목사님 부부는 가게에 먹을 것이 부족해 늘 이곳저곳으로 식품을 사러 다녀야만 했다. 그렇게 낮에 준비한 양식을 손님들을 대접한다고 바닥을 내고는 또 사러 다니는 데에 많은 시간을 보냈다. 하나님이 이 가정에 특별한 은혜를 주시기를 기도드린다.

　　하바로프스크에서 나호드까로 가기 위하여 통역을 찾았지만 마땅한 사람이 없었다. 결국 처음 러시아에 도착했을 때 신세를 졌던 양 선생에게 부탁을 드렸다. 양 선생과 함께 9월 26일 나호드까행 기차에 몸을 실었다. 기차로 밤새 달려 17시간은 가야 하는 곳이라고 했다. 처음 타 보는 러시아 기차는 내 호기심을 자극하기에 충분했다. 기차는 실내가 2층으로 되어 있었다. 우리가 달리는 기찻길이 시베리아 횡단을 하는 기찻길이라니 더욱 호기심이 생겼다.

러시아는 큰 나라임에도 불구하고 이렇게 복선 기찻길이 많다.

한국에서는 요즈음 KTX로 서울에서 부산까지 가도 3시간이면 끝인데 러시아 지방에서 지방으로 가는 길이 17시간을 간다고 하니 당시에는 정말 광활한 땅이라는 것이 실감났다. 사실 시베리아 횡단열차 출발점인 블라디보스톡에서 도착지 모스크바까지는 7일을 밤낮으로 달린다고 하니 대체 얼마나 큰 나라인지 짐작도 되지 않을 정도였다

내가 일할 나호드까는 과연 어떤 도시일까? 현지인들은 나를 어떻게 맞이할까? 내가 이 나라에서 과연 영적 지도자로 인정받으며 사역을 할 수 있을까? 온갖 생각이 머리에서 떠나지 않았다.

기차 안은 매우 자유로웠다. 서로 모르는 남녀가 닫힌 칸 안에서 자연스럽게 이야기하고 각자 자기 자리에서 옷도 갈아 입고 잠을 자기도 하는 모습은 한국에서는 상상도 못했던 일이었다. 이상하게 생각하는 내가 이상한 것이지 이들에게는 생활이고 문화였다.

기차는 침대칸으로 문을 열면 양쪽 아래위로 4명이 사용하게 되어 있었다. 그러나 처음 타는 나는 무척이나 신경이 쓰였다. '내가 자는 시간에 중간 역에서 내리는 사람이 내 가방이라도 가져가면 어떻게 하나' 하는 걱정 때문이었다. 나는 화장실이라도 갈 때면 양 선생에게 가방을 부탁하며 긴장을 늦추지 않았다.

밤에 달리는 기차소리는 요란했다. 기차 레일에 철거덕거리는 바퀴 소리에 밤새 뒤척이다 보니 아침이 되었다. 기차는 한적한 해안지역으로 달리더니 아침에 시골 역사 같은 곳에서 멈췄다.

블라디보스톡에서 모스크바까지 시베리아 횡단열차는 7일을 밤낮으로 달린다.

목적지 나호드까에 드디어 도착한 것이다. 1991년 9월 27일 금요일 낮 11시였다.

한국 선교사로서 러시아 하바로프스크에는 남일우 선교사가 들어와서 사역을 시작했지만 이곳 연해주에는 아직 한국 선교사가 아무도 없었다. 내가 첫 번째 한국 선교사로 나호드까 시에 도착한 것이다.

연해주 제일의 도시 블라디보스톡이 나호드까 이웃에 있었지만 러시아에서는 핵잠수함 때문에 1991년 그때에는 외국인들의 출입을 금지하고 있었다. 때문에 당시 외국 영사관이나 상사들은 작은 도시인 나호드까로 들어와 있었다.

통역으로 오신 양 선생이 택시를 잡으러 간 사이 내 옆에서 고려인으로 보이는 청년이 차 안에서 빙그레 웃으며 나를 바라보고 있었다.

매우 친근하게 느껴져서 다가갔다.

　서툰 러시아어로 내가 이름을 묻자 '김유라'라고 했다. 내가 처음으로 나호드까에서 말을 걸었던 청년이라 매우 인상적이었고 따뜻하게 느껴져 나는 나중에 자주 유라를 찾아가 전도를 했다. 그러나 자기는 "공산당이라서 하나님을 안 믿는다."고 자기 의사를 분명하게 말해 얼마나 안타까웠는지 모른다. 게다가 몇 년 후에는 교통사고로 생을 마감하여 내 가슴을 더 아프게 했다.

　양 선생과 나는 택시를 타고 손 선생이라는 분을 찾아갔다. 사할린에서 오신 분이라 한국말이 가능한 분이었다.

　구 소련권의 고려인들은 두 분류로 이해를 해야 한다.

　첫째는 1945년 해방되기 전 일본군에 의하여 사할린에 강제징용으로 끌려가 탄광 산업에 종사하던 사람들이다. 이 분들은 일본이 2차 세계 대전에 패전하고 자국민들은 모두 일본으로 데리고 철수하였으나 한국인들은 그대로 사할린에 방치하고 가 졸지에 나라 없는 사람들이 되었다. 이들은 자기 아이들에게 적극적으로 한국어와 문화를 전수하여서 사할린 출신 1세와 2세까지의 고려인들은 한국인들과 대화하는 데 어려움이 없다. 사할린에는 고려인들이 한국어로 발행하는 고려인 신문도 있다.

　또 한 분류의 사람들은 중앙 아시아권에서 생활하는 분들이다. 사할린 출신들도 성공한 분들이 많지만 중앙 아시아 출신의 고려인들

흩어진 한민족인 고려인들은 나라 없는 설움으로 인해서
오랜 세월 한을 품고 지금까지 살아 왔다.

의 후손들 가운데에도 모스크바에서 경제계나 정치에 크게 성공한 사람도 적지 않다. 선조들이 어렵게 농사를 지으며 러시아 최고의 교육을 시켰기 때문이다. 그러나 이쪽 사람들은 구전이든 교육을 통해서든 한국의 언어를 사할린만큼 보존하지 못했다.

며칠 후에 양 선생은 하바로프스크로 돌아가고 나만 손 선생 집에 남았다. 부인도 안 계신 집에서 손 선생은 분주하게 여러 고려인들을 초청하여 나와 인사를 시켰다. 나는 만나는 사람마다 그렇게 반가울 수가 없어 나중에 교회를 시작하면 꼭 교회에 출석하여 하나님을 믿고 천국에 가야 한다는 말을 잊지 않았다.

모두 나에게 호의적이었다. 그런데 무언가 분위기가 좀 어색했다. 나중에 안 사실이지만 이들이 나를 맞이한 것은 고려인 협회에서 나를 통하여 한국과 무역을 하고 싶어서였다. 한 마디로 비즈니스를 위해 나를 만난 것이지 신앙에는 전혀 관심이 없었다. 그것은 손 선생도 마찬가지였다. 나는 내가 이곳에 온 목적이 무엇인지 분명하게 밝혀야겠다는 생각을 했다.

"나는 무역하러 온 비즈니스맨이 아닙니다. 난 선교사로 온 목사입니다."

"목사님은 먹지도 않고 입지도 않습니까? 돈이 있어야 교회도 짓고 하지 않습니까?"

"물론 먹지요, 입어야지요, 그러나 하나님이 주시는 대로 사는 것이 우리네 삶입니다. 그러니 비즈니스는 못합니다."

이 말에도 아랑곳하지 않고 그는 계속 고려인 협회 사람들을 나에게 소개했다. 당황스럽고 화도 났다. 러시아어도 잘 못하고 지리도 모르니 자기들 말을 들을 수밖에 없지 않겠느냐고 생각하는 것 같았다.

한번은 손 선생이 자기 사위네 집으로 저녁 초대를 했다. 집에 가보니 풍성한 식사와 과일과 술이 준비된 만찬이었다. 초대해 준 것에 정중하게 감사를 드리고는 식사를 하는데 이때의 화제도 역시 무역이었다. 손 선생의 사위가 정색을 하고 말했다.

"목사님, 러시아 일은 내가 맡고 한국 쪽 일은 목사님이 하면서 우리 같이 사업합시다."

"이곳에 온 이후로 계속 제안은 받고 있는 것이 사업입니다. 그러나 나는 사업을 하러 이곳에 온 사람이 아닙니다. 교회를 개척하고 하나님의 말씀을 전하려고 러시아에 왔습니다. 사업은 사업하시는 분과 말씀하셔야 할 것 같습니다."

내 말에 분위기는 한순간에 썰렁해졌다. 그때 나에게 사업을 하자고 제안했던 사람이 17년이 지난 지금은 나호드까에서 가장 큰 부자가 되어 있다. 우리나라 부산의 해운대에서 제일 큰 호텔도 인수했다고 한다.

그렇게 며칠을 손 선생 집에 머물고 있자니 내가 꼭 이 작은 도시 나호드까에서 일을 해야 하나 하는 회의감이 들었다. 젊은 나이에 더 큰 도시로 가고 싶은 욕구가 올라온 것이다. 나는 시간이 있을 때마다 구 소련권 러시아 지도를 펴 놓고 모스크바(Moskva), 레닌그라드(Leningrad), 민스크(Minsk), 끼예브(Kiev), 노보시비르스크(Novosibirsk) 등등 러시아의 유명 도시들을 짚어보았다. 젊음을 바치며 일하기에는 작은 어촌에 불과한 나호드까가 마음에 차지 않았다.

나는 아침마다 하나님의 뜻이 어디에 있는지 알게 해 달라고 기도했다. 그처럼 원래의 예정지인 사역지에 도착해서 새로운 사역지를 놓고 마음을 못 잡으며 기도하던 어느 날 아침이다. 하나님은 기도 가운데 나에게 아브라함과 롯의 사건을 기억나게 하셨다.

아브라함과 롯이 헤어질 때 신세대 롯은 이미 화려하게 도시화 된 소돔과 고모라를 선택해서 들어가고 아브라함은 들판같은 가나안을 택한다. 결과는 어찌 되었던가. 소돔과 고모라가 심판받을 때 롯은 모든 것을 잃고 자기 딸들과 겨우 구원만 받았다. 그러나 아브라함은 비록 가는 곳마다 쓸쓸한 들판이었어도 하나님이 함께하시니 복에 복을 더하는 축복을 받았다.

생각이 여기에 이르자 잔머리를 굴리며 큰 도시로 가야겠다는 마음이 반성되었다. 나는 그날로 다른 사역지에 대한 미련을 접었다.

"하나님! 저는 아브라함이 그러했던 것처럼 들판같은 이곳에서 일하겠습니다. 롯처럼 망하지 않고 하나님과 함께 하는 삶을 살 것입니다."

3
첫 시련

손 선생의 도움으로 나호드까시 시청을 찾아갔다. 나를 맞이한 국제교류협력계 담당자인 부시장은 무슨 일이든지 돕겠다고 적극적이었다. 그러자 옆에 있던 손 선생이 말했다.

"목사님이 기거하는 집에 전화가 없으니 전화 개통을 도와주십시오."

당시만 해도 전화번호를 받기는 하늘의 별 따기였다. 7년 혹은 10년은 기다려야 전화번호를 받던 시대였다. 이때다 싶었던 손 선생이 자기 집에 내 이름으로 전화를 요청한 것이다.

시청 직원은 그 자리에서 전화국 국장에게 전화를 하여 다음날 면담을 하게 해 주었고, 그 어렵다던 전화가 신기하게도 일주일 후에 바로 설치가 되었다.

당시 우리를 이처럼 호의적으로 맞이해 주었고 나중에도 법적으로 많은 도움을 주었던 분은 무히나 나제즈다 니꼴라이예브나라는 사람이었다. 하나님께서 주의 사역을 위하여 그를 예비하여 놓으셨다고 생각한다.

나는 그에게 교회 등록을 부탁했다. 그 사람은 법적인 어려움이 없으면 자기도 돕겠다면서 기본적인 정관과 필요한 서류를 준비하라며 항목들을 적어 주었다. 교회 등록이 큰 어려움 없이 진행되는 것 같아 나는 그날 오랫동안 하나님께 감사의 기도를 드렸다.

그 후 손 선생은 내가 배제된 가운데 며칠을 고려인들과 의논하더니 정관을 만들어 왔다. 정관은 교회 사역보다는 여러 가지 사업에 관한 조항들이 많았다. 하지만 당시 내 러시아어 실력으로는 이 정관을 일일이 확인할 수 없어 그대로 시청에 신청했다.

그로부터 일주일이 지나자 시청으로부터 연락이 왔다. 교회 등록이 마무리 되었다는 것이다. 교회 이름을 보고 내용을 들여다 보니 고려인들로 구성된 나호드까 복음 장로교회였다. 교회 대표도 교회 운영위원들도 모두 고려인 일색이었다. 지금이나 그때나 러시아에서는 외국인이 교회 대표가 될 수 없다. 외국인으로서 영주권이 있는 사람은 예외이지만 당시 선교사로서 영주권은 생각도 못할 때였다. 설립 역시 현지인들로 구성된 10명의 서명이 있어야 가능하다. 서류상으로만 보면 나는 이분들이 설립한 교회에 초빙된 강사일 뿐이었다.

그래도 당시에는 선교지에서 정식으로 교회가 등록되고 예배를 드린다는 사실이 흥분되기만 했다. 고려인이든 러시아인이든 나를 찾아준다는 것에 감사하여 예배를 드리기로 했다.

이제는 예배 장소가 문제였다. 장소를 물색하던 중, 러시아 지하교회로 고난받던 분들이 작은 집에서 예배를 드린다는 소식을 듣고 거기로 찾아갔다.

이분들의 예배는 공산주의 시절에도 있었다고 한다. 그러나 당시 러시아의 그리스도인들은 직장에서나 학교에서나 늘 무시되었다. 회사에서 무슨 불미스러운 일이 발생되면 늘 이들이 죄명을 뒤집어쓰는 식이었다. 정부에서 인정하는 모임이었지만, 정부조차 매번 설교 때마다 사람을 보내서 설교 내용을 확인하던 시대였다. 이들이 심하게 박해를 받았을 때는 산속 깊은 곳에서 예배를 드렸다고 한다. 침례를 할 때는 한밤중에 미리 준비하여 저수지에서 침례를 하곤 하였다. 겨울에는 얼음을 깨고 그 속에 집례자와 침례자가 들어가서 침례를 베풀곤 하였다니 성스러운 이 예식을 러시아의 혹독한 겨울조차 이기지 못한 것이다.

예배 장소에 가 보니 쓰러져 가는 듯한 집안에서 찬양이 흘러나왔다. 한 예배에 설교자가 여러 사람이 나오는 게 인상적이었다. 찬양은 하나님 앞에서 예배자가 앉아서 찬양을 할 수 없다며 서서 드렸고, 기도는 마룻바닥에 그대로 무릎을 꿇고 드렸다. 예배는 그렇게 2시간을 넘겨 2시간 30분이 될 즈음에야 끝났다. 그래도 지금의 예배는 옛날 고난받던 시절보다는 빨리 끝나는 것이라고 한다. 내 신앙을 이들과 비교하니 초라하게만 느껴졌다. 이들의 신앙이야말로 살아 있는 신앙으로 생각되었고 존경스러웠다.

예배가 끝나고 지도하시는 목사님을 만났다. 니꼴라이 마카로비치라고 소개를 받았다. 내가 한국에서 선교사로 왔다고 하자 무척 놀라는 표정이었다. 그 분의 아들은 러시아가 싫어서 미국으로 이민을 준비하고 있는데, 한국이라는 데서 목사가 선교를 하겠다고 러시아로 찾아왔다니까 정말이냐며 몇 번이고 물어 보았다.

나는 이곳에서 우리도 예배를 드릴 수 있게 허락해 주기를 부탁했다. 담임목사는 흔쾌히 허락해 주었다. 이분들이 예배를 마치면 우리 고려인들이 오후 3시에 예배를 드리도록 합의를 했다.

주일을 기다리는 나는 드디어 선교지에서 첫 예배를 드리게 된다는 생각에 흥분을 감출 수가 없었다. 그러나 막상 주일이 되자 과연 몇 명이나 찾아올지 긴장되었다. 이는 아마도 모든 개척교회의 목사님들이 갖는 긴장감일 것이다. 1991년 10월 6일 주일, 한 사람 한 사람 자리를 메우더니 예배가 시작될 때는 30명이나 되었다. 기대 이상이었다.

예배를 마치고 광고시간에 손 선생이 다시 비즈니스에 대한 이야기를 시작했다. 듣고 있기 어려웠지만 일단 참았다. 그리고 손 선생과 함께 돌아오는 차 안에서 이야기를 꺼냈다.

"손 선생님, 교회에서는 더 이상 비즈니스 이야기를 하지 마십시오. 하나님께만 영광을 돌려야 됩니다."

"아니 우리가 비즈니스를 하지 않으면 무엇 때문에 목사님한테 갑니까?"

정말 집요한 사람이었다. 하지만 여기에서 밀릴 수는 없었다.

"그래도 난 교회만 할 것입니다. 이렇게 내가 하는 일과 선생님이 하려는 일이 다르면 같이 하기가 어렵습니다."

"정말 참아보려 했더니 젊은 사람이 너무하네. 그럼 여기서 우리 관계 다 정리하지요."

"그러시죠. 어떻게 무엇을 정리해야 하나요?"

"그동안 우리 집에서 먹고 자고 내가 차로 데려다 주고 했던 것 다 계산해 주십시오."

"얼마면 됩니까?"

"하루에 백 달러를 계산해서 16일이니까 천육백 달러가 되겠습니다."

충격적이었다. 당시 한 달에 먹고 자고 해도 오십 달러면 하숙이 가능했던 때였다. 천육백 달러라면 나를 거의 협박하는 수준이었다. 그래도 이쯤에서 이분과 결별이 되어야 내가 진정한 사역을 할 수 있겠다고 생각되었다. 금액은 협상해 봐야 소용이 없을 것 같았다.

"그러시죠. 정리합시다. 그리고 오늘은 여기까지만 내가 신세를 진

것으로 합시다. 이곳에서 나를 내려 주십시오. 짐은 저녁에 내가 옮기도록 하지요."

차 세우기를 주저하는 그에게 강제로 세우도록 요구했다. 그리고 내려서 무조건 걸었다.

어디로 가야 하나?

갑자기 길·한가운데에 내리고 보니 갈 곳이 없었다. 막막했다. 뒤를 돌아보니 애굽인들이 쫓아오고 그들을 쫓아가자니 또 평생 종살이를 해야 할 것 같고, 앞으로 가자니 홍해가 막혀 있고……. 아마도 모세의 심정이 이랬을까 싶었다.

그렇게 허탈한 마음으로 한참 걷다가 문득 현대상사 직원들이 생각났다. 그때 나호드까에는 현대상사가 있었는데, 손 선생의 주선으로 함께 식사도 하고 사무실도 찾아가 본 적이 있었다. 특히 가족과 함께 들어와 있던 김대식 부장은 사람 모이는 것을 좋아하는 분이라 본인 사택에 저녁을 준비해서 나호드까에 주재하던 현대상사 직원들과 나를 불러서 식사하는 것을 좋아하셨다.

나는 김대식 부장을 찾아가 내가 처한 어려움을 털어놓았다. 다행스럽게도 그 분은 내 사정을 누구보다 잘 이해하고 기꺼이 도와주겠다고 했다. 또 다른 예비된 분들을 만난 것이다. 현대에서 차량을 내주어서 손 선생 집으로 가 내 짐들을 가지고 나왔다. 물론 엄청난 하숙 요금인 천육백 달러는 고스란히 지불했다.

41

현대상선의 정 지사장이 마침 혼자 아파트를 쓰고 있어 다른 아파트를 구할 때까지 같이 있기로 했다. 김대식 부장과 가족들도 신앙생활 하는 분들이라 끼니 때마다 내가 목사라고 초청하여 맛있는 한국음식으로 대접해 주셨다. 한국 목사가 나호드까로 왔다는 것이 이분들은 생각지도 못했던 일이었다. 당시 가족 없이 혼자 지사장으로 나왔던 삼성의 최길영 과장이나 현대상선의 정 부장이나 이 대리, 이런 분들과 김 부장 댁에서 정성껏 마련한 식사를 대접받을 때마다 우리끼리 했던 이야기가 있다.

"아, 세상이 이제사 보입니다."

정말이지 입에 맞는 음식 하나 먹었을 뿐인데 세상이 달리 보이고 살 만해 보이고는 했다.

어느 날 현대상사 손치용 부장께서 내 자취집으로 자동차를 보냈다. 손 부장이 나를 급히 찾는다는 것이다. 영문도 모르고 기사를 따라 현대 사무실에 들어서자 손 부장님이 깍듯이 나를 맞이했다.

"목사님, 이곳에서 무슨 불편한 일이 있으면 저에게 말씀하십시오. 오늘 아침에 본사 박세용 사장님으로부터 전화로 지시를 받았습니다. 목사님 불편하지 않게 도와드리라는 명을 받았습니다. 박세용 사장님하고 혹시 친척 되십니까?"

"아니요."

"그럼 어떻게 아십니까?"

"난 모르는 분인데요."

이 일은 나중에 한국의 서울 남교회 이일남 장로님의 전화 내용을 듣고 나서야 이유를 알게 되었다. 러시아 현지에서 내가 어려움을 겪고 있다는 소식을 들은 이일남 장로께서 고향 후배인 현대상사의 박세용 사장에게 전화를 해 나를 부탁했다는 것이다. 하나님은 이렇게 사방에 하나님의 사람들을 예비해 놓으시고 계셨다.

4
교인 없는 예배, 그러나 하나님의 예비하심

손 선생 집에서 결산하고 나온 다음 처음으로 주일을 맞이했다.

'모두 손 선생 사람들이라 아무도 오지 않을 거야.'

나는 내심 아무도 안 와도 당황하지 않으리라 마음의 준비를 했다. 오후 3시, 사람들이 하나 둘 찾아오더니 열다섯 분이 모였다. 이 분들과 조용한 가운데 예배를 마치고 교회가 무엇을 하는 곳인지 다시 이야기를 해 주었다. 사람들은 내 말을 긍정하는 듯했다. 그러나 손 선생의 영향인지 교회가 자기들을 위해서 실질적인 뭔가를 해 주기를 바라는 마음들을 갖고 있었다. 내가 해 줄 수 있는 것은 한글을 가르쳐 주고 한국문화와 한국의 전통 악기를 소개하는 일은 할 수 있다고 했다.

그러나 선교지에서 사람들의 마음에 맞게 하자고 교회의 본질을 흐리게 하는 비즈니스는 할 수 없다고 분명하게 이야기했다. 그 주일은 그렇게 보내고 다음 주일을 맞이했다.

'이번에는 사람들이 얼마나 올까?'

마침내 예배 시간이 되었는데 아무도 보이지 않았다. 30분이 지나고 한 시간이 지나도 한 사람도 보이지 않았다. 아무도 오지 않는 주일 예배에 혼자 앉아서 예배를 드렸다. 그렇게 마음이 편할 수 없었다. 목적이 다른 분들과 예배를 드린다는 것이 얼마나 거추장스럽고 불편한지……

"하나님 쭉정이들 다 날아갔습니다. 이제는 알곡들을 주십시오."

기도가 하늘로 상달되는 듯 마음이 날아갈 것만 같았다. 성도가 아무도 없어 한동안은 러시아 지하교회 사람들의 예배만 참석했다. 그러면서 이참에 독립적인 예배 공간을 마련하고 본격적인 선교를 하고 싶어 새로운 예배 장소를 찾기 시작했다.

문화회관이나 학교 강단 등 많은 곳을 다니며 예배장소를 빌려 달라고 책임자들을 만났지만 당시만 해도 공산당의 사상이 머릿속에 그대로 있던 때라 쉽게 장소를 제공하지 않았다. 교회의 예배 장소로 제공했다가 자기들에게 불이익이 돌아오지나 않을까 겁을 먹고 있었다.

다행히 방문했던 학교 중에서 1번 음악학교 교장이 제안을 했다.

"우리 학교에 비디오 데크와 TV를 선물하시면 일 년 동안 허락하겠습니다."

나로서야 앞뒤 가릴 형편이 아니었다. 무조건 동의를 했다. 그러나 돌아서자 걱정이 되었다. 어디에서 이런 전자제품을 산단 말인가? 온 도시를 다녀도 전자제품을 구할 수가 없었다. 당시만 해도 가게에서 일하는 분들은 엄청난 세도를 부렸다. 물건이 귀하니까 자기 친척이나 친구들에게 물건을 먼저 제공했던 시대였다. 가게 점원만 되어도 관리들보다 더 당당하게 굴었다. 그러니 나같은 외국인이 그런 전자제품을 구할 방도가 없었다.

할 수 없이 전에 교회 등록을 도와주었던 시청 국제교류담당 무히나를 찾아가서 사정 이야기를 했다. 무히나는 시청 직원들만이 구하는 면세품을 살 수 있는 허락서를 마련해 주었다. 이 허락서를 들고 물어물어 찾아간 창고에는 적지 않은 전자제품들이 쌓여 있었다. 일본 쏘니 비디오데크와 파나소닉 TV를 모두 백 달러가 안 되는 돈으로 샀다.

어떻게 이처럼 가격이 싼지 의아했다. 한국에서 사도 천 달러는 주어야 되는 제품들이었다. 너무 싸서 정말 작동이 되는 제품인지 의심이 들 정도였다. 알고 보니 국가에서 90% 금액을 담당하고 구매자 본인들은 지극히 적은 금액으로 살 수 있는 혜택을 준 것이다. 사회주의 정책 그대로였다. 내가 그 혜택으로 물건을 산 것이다. 순간적으로 사회주의라는 것이 참 좋은 면도 있구나 하는 생각이 들었다.

아무튼 결과적으로 손 선생에게 바가지 쓴 하숙비를 전자제품을 사면서 다시 돌려받은 셈이었다. 그렇게 해서 전자제품을 학교에 기증하고 드디어 일 년 동안 예배를 드리도록 허락을 받았다. 예배를 드리면서 이 학교가 하나님께서 예비하신 장소라는 사실을 뒤늦게 알았다.

독립 예배 장소는 마련되었지만 성도는 한 사람도 없는 상태였다. 이곳에서 예배를 드린다는 것을 어떻게 알려야 할지 고민이 되었다.

"나는 한국에서 온 목사인데 하나님에 대하여 알고 싶은 사람들을 모집합니다. 관심이 있는 분들은 1번 음악학교로 일요일 날 오전 11시에 오십시오."

동네방네 이렇게 떠들고 다닐 수도 없는 일이었다. 고민에 고민을 거듭하다가 신문 광고를 생각했다. 단숨에 여러 사람에게 알리기에는 그만한 것이 없었다. 나는 즉시 지역 신문사를 찾아갔다.

신문사 사장은 매우 따뜻하게 맞이해 주었다. 그는 의외의 제안을 나에게 했다. 교회 광고뿐 아니라 가능하면 신문에 설교도 실어 달라는 것이었다.

"목사님 설교가 우리 신문에 나가면 독자들도 읽고 좋지 않습니까? 나는 고정적으로 지면이 설교로 채워지면 기사 걱정 없어서 좋고요."

나는 그 자리에서 허락했다. 주저할 일이 뭐가 있겠는가?

첫 번째 신문 광고를 보고 음악학교로 몇 명이나 나올까? 강단 의자가 80개니까 일단 차를 마실 컵을 의자 숫자만큼 준비했다. 믿음은 바라는 것들의 실상이라고 하지 않았던가?

당시 통역은 김 블라지미르 선생에게 부탁을 했다. 이분은 어느 분의 환갑잔치에 갔다가 인사를 나누었는데 한국말이 자유로워서 통역으로 일해 주실 것을 제안하였더니 흔쾌히 허락해 주셨다. 통역으로 일할 수 있는 여자 분들도 있었지만 혼자 외국에 와 있는 목사로서 쓸데없는 상상이나 소문이 만들어지면 곤란하므로 통역은 남자로 정했다.

설교를 준비할 때는 사무실을 임대하여서 둘이서 아침부터 저녁까지 함께하였다. 그 분의 한국어 실력은 구어체로 유치원생들에게 이야기하는 수준이었다. 내 말을 다 알아듣는 것이 아니므로 설교 중에 당황하지 않도록 미리 설교문을 만들어야 했다.

1번 "하나님은 우리를 사랑하십니다."

2번 "나는 박광배 목사입니다."

이렇게 번호를 붙여가며 내가 한글 문장을 준비하면 그 분은 이 내용을 러시아 말로 다시 기록했다. 이런 식으로 문장이 120번까지 가면 약 30분의 설교가 준비된다. 통역 설교니까 실제로 내가 설교하는 시간은 겨우 15분이었다.

10월 6일 음악학교에서의 주일이 되었다. 설교도 준비되었고, 차도 준비되었는데 첫 번째로 드리는 예배에 신문 광고를 보고 찾아오신 분들은 얼마나 될까? 예배를 준비하며 강단 뒤에서 기도하며 예배 준비를 하는데 기도보다 문 여는 소리에 더 예민해져 있었다.

하나, 다섯, 열, 삼십…….

드디어 시간이 11시가 되어 강단에 섰다. 가슴이 벅찼다. 자리가 다 찬 것은 아니지만 내 눈에는 온 강당이 꽉 차게 보였다. 80석 좌석에 50여 명이나 와 있었다.

러시아는 정교회 나라다. 나는 개신교 목사로서 러시아 정교회 사제들이 경계하는 이단에 가깝다. 거기에다 외국 선교사가 아닌가?

"그래도 찾아오는 사람들이 있다? 그래, 말씀에 승부를 걸자."

나는 오직 성령님에 의지하면서 회중들이 말씀을 듣고 감동을 받아 다시 교회를 찾아 주기만을 기도했다. 음악학교는 위치상 우리 도시에서 가장 중심에 있었다. 예배 때 악기를 다루시는 분들이 필요했는데 자기네 학교에서 교회를 시작한다고 하니 악기를 가르치시는 선생님들이 호기심으로 교회 나오시다가 하나씩 책임을 맡았다. 피아노면 피아노, 바이올린이면 바이올린, 성가대는 성악하시는 분들로 조직을 했다.

음악학교에서 예배를 드리기 전에 나는 우리 도시에 있는 러시아 정교회를 구체적으로 알기 위하여 평일에 예배에 몇 번 참석해 보았다. 러시아 정교회는 주일이 아니더라도 어떤 날에 가도 예배는 늘 있다. 예배에 참석해 보니 사람들이 연신 십자가 성호를 긋고 있는데, 내가 러시아 말을 잘 못 알아듣기는 해도 왠지 예배에 동참한다기보다는 자기 혼자만의 행위를 하고 있는 것 같았다.

나이 드신 할머니에게 조용히 다가가서 물었다.

"지금 사제의 예배를 이해하세요?"

"아니요."

생각 밖의 대답이었다. 아마도 나이가 드셔서 그럴지 모르겠다는 생각에 젊은 사람에게 다시 가서 물어 보았다.

"형제님! 지금 예배 인도하는 사제의 예배를 알아들으세요?"

"아니요."

그럼 무엇이란 말인가? 알아듣지도 못하는 예배를 참석하고 있단 말인가? 그렇다면 정교회 사제는 무슨 말로 예배를 인도하기에 현지인

어느 도시에서나 만나 볼 수 있는 러시아정교회 사제들의 모습

들이 못 알아듣는 것일까?

모든 예배가 끝나고 사제에게 다가 갔다.

"무슨 말로 예배를 드립니까?"

"우리는 교회 전통에 의하여 고대 슬라브어로 예배를 인도합니다."

"그럼 현대인들이 고대 슬라브어를 얼마나 아시나요?"

"모르지요. 그래도 이 예식은 우리 러시아 정교회의 전통입니다."

감동도 감격도 열정도 없는 정교회 예배를 보면서 나는 선교사로서 이 땅에 선교의 희망을 보았다.

'그래 예배에 말씀의 감동과 찬양의 감격과 기도의 열정과 감사의 열매를 드리도록 하자. 그러면 러시아인들은 교회로 계속 올 것이다.'

음악학교에서의 첫 예배 주제는 창세기의 천지창조였다. 하나님이 천지를 만드셨으며 주관하시는 운행자라는 설교에 대해 사람들의 반응은 굉장히 긍정적이었다. 그리고 나에게 거는 기대도 매우 높다는 것을 느낄 수 있었다.

그 점은 솔직히 단순히 다행스러운 것만이 아니라 감격이기도 했다. 나는 아프리카의 빈민국에 선교를 간 것이 아니었다. 러시아가 어떤 나라인가? 당시는 비록 혼란기를 겪으며 흔들리고 있었지만 미국과 당당히 세계제패를 겨루던 유럽의 열강 아니던가? 나같이 164센티미터 단신인 아시아인의 설교를 머리통 하나가 더 큰 러시아 사람들이 심각히 듣고 즐거워하는 모습이 가슴 벅찼다.

통역으로 일하시는 김 선생은 알고 보니 테너로 활동한 성악가였다. 북한 영사관의 초청으로 평양을 방문하기도 하였으며 당시 평양 방문 시 김일성 주석 앞에서 노래를 할 만큼 전문 러시아 음악 아카데미를 졸업한 성악가라는 것을 뒤늦게 알았다. 그분은 오랫동안 나호드까에서 고려인으로서는 많은 사람들이 존경하는 음악지도자였으며 러시아 현지인들도 지도하며 나호드까 문화회관 관장 일을 오랫동안 담당했던 분이었다.

교회에는 찬양과 말씀이라는 두 바퀴가 있어야 한다고 설명을 하자 이분께서 "목사님, 그럼 찬양대를 조직할까요?" 하는 것이 아닌가?

"어떻게요? 언제 교회를 시작했다고 성가대를 조직하나요?"

"제가 합창단 지휘를 좀 했습니다. 음악을 좋아하는 모임이 있으니 그들 가운데 자원하는 사람이 있으면 조직해 보지요."

"그럼 그렇게 해 보시죠. 어차피 교회는 모든 사람들이 다 와야 합니다. 음악이 좋아 찬양하러 나와도 좋고, 사람이 좋아 사람보고 나와도 좋고, 말씀을 듣고 감동을 받아 구원만 받으면 되지요."

"그럼 다음 주일에 성가대가 섭니다."

"그렇게 빨리요?"

"제가 주중에 사람들 불러서 찬양을 준비하지요."

선교를 막 시작하는 나에게 성가대의 조직은 큰 힘이었다. 사람이 귀한 때에는 "누구든 강권하여 데려다가 네 집을 채우라."고 하지 않았던가.

　주일이 돌아오자 정말 20여 명의 합창단이 찬양을 했다. 성가대가 시작된 것이다. 바이올린과 피아노 반주자, 지휘자도 갖춘 훌륭한 성가대가 구성되었다.

　이밖에도 음악학교에서 일하시는 여러 선생님들이 지원하셨다. 파트 별로 5명씩 해서 20명이 준비되었다. 모두 음악을 사랑하고 특히 교회 음악에 별로 거부 반응이 없는 분들이었다.

　예배 분위기가 한결 뜨거워졌다. 나 혼자 하던 찬양이 이렇게 파트 별로 소리를 내며 함께 하니 마치 성가발표회 같았다.

5
뜻밖의 교통사고

한 아파트에 같이 사는 현대상선 정 지사장이 일본차를 샀다며 자랑을 했다. 핸들도 한국은 왼쪽인데 일본차는 오른쪽이었다. 외제차로 생각하며 비싸게만 생각했던 도요타, 닛산, 혼다 중고 차량들이 개방과 함께 봇물 터지듯이 러시아로 들어왔다. 현대 정 지사장도 도요타 차량을 사서 맘껏 자랑하고 싶어 이곳저곳으로 나를 태워 운전하고 다녔다.

금요일 날 우리는 뒷좌석에 이 대리를 태우고 나호드까 산부인과 병원 앞을 지나가고 있었다. 시간은 저녁 10시경이었으니 꽤 늦은 시간이었다. 정 지사장이 운전하고 나는 옆자리에 앉아 있었다.

그때 앞에서 마주 오는 차량이 전속력으로 중앙선을 넘어 우리

차로 오는 것이었다. 모두 "어……" 소리와 함께 달려오는 차를 그대로 바라보고 있을 수밖에 없었다. 정면충돌이었다. 순식간에 아수라장이 되었고 우리는 모두 피범벅이었다. 운전했던 정 지사장은 핸들에 얼굴이 부딪쳐 이마가 영어 브이자로 찢어졌다. 나는 앞자리에서 차량 앞부분을 박고 옆 계기판 가림대에 부딪쳐서 치아와 귀에서 피가 한없이 흘러내렸다. 뒤에 앉아 있던 이 대리는 허리와 목이 정상이 아니라고 호소했다.

러시아 극동의 차들 중 98%는 오른쪽에 핸들이 있는 일본 차량들이다.
이로 인해 다른 차를 추월할 경우, 운전자가 마주 오는 차를 볼 수 없어
이런 정면 충돌 사고가 자주 있다.

우리와 충돌한 차량도 다친 충격이나 망가진 상태는 우리와 비슷

했다. 그런데 사고를 낸 차에서 사람들이 뛰쳐나오더니 앞도 보지 않고 냅다 줄행랑을 쳤다. 몸도 정상이 아닌 사람들이 그렇게 휑하니 사라지고 사고 현장에는 우리만 덜렁 남았다. 그들은 음주 운전이었다. 주 5일제인 러시아에서는 금요일 저녁부터 마시기 시작한 술은 주일 저녁이라야 마친다고들 한다.

얼마 후 누군가 교통경찰에 전화를 해서 사고 조사를 하기 시작했다. 우리는 다친 부위를 감싸며 움츠리고 앉아 앰블런스를 기다렸다. 얼마 후 도착한 앰블런스의 의사와 간호사는 우리들의 다친 부위에서 흘러내리는 피를 물과 거즈로 대충 닦아내더니 세 사람을 나란히 세웠다.

"앞으로 한번 걸어 보세요."

"원, 투, 쓰리 하며 숫자를 이야기할테니 손가락으로 표시하여 보세요."

식은 죽 먹기보다 쉬웠다. 하지만 우리는 의아스러웠다.

"왜 이런 유치한 것을 시키지?"

모두 정상적으로 걷고 숫자를 표현하자 간호사는 우리를 집으로 가라고 했다. 차량은 사고 차량 보관소로 가서 보관할 테니 내일 경찰서로 와서 추가로 조사를 하라는 것이었다. 어이가 없었다.

"입원도 아니고 무슨 정밀 검사도 하지 않고 사고 난 현장에서 피만 닦아 주고 가라니……."

집으로 걸어오면서 우리는 묵묵히 아무 말도 하지 않았다. 진통의 크기에 따라 아픔에 차이는 있어도 충격은 똑같았다. 다행히 사고 난 지점과 집은 불과 10분 거리였다.

집에 와서 자세히 거울을 보니 앞에 이빨이 깨져서 버석거렸다. 두 개의 앞니가 완전히 망가졌다. 그리고 귀에서 피가 얼마나 나왔는지 양복이 흥건하게 젖었다. 그 피가 와이셔츠를 적시고 안에 내복까지 적셨다.

정 지사장은 앞이마가 아주 선명하게 영어 브이자로 찢어져서 덜렁거렸다. 열렸다 닫혔다 하는 문 같았다. 그 사이로 흰 뼈가 그대로 보였다. 그러나 흐르는 피를 지혈하기 위해 이마에 거즈만 대고 그냥 견뎌야만 했다.

"내일 병원에 가서 정밀 검사를 받아 봅시다."

다음날 병원에 갔지만 거기에서도 별 다른 치료가 없었다. 정 지사장에게는 간단한 치료를 해 주고, 나에게는 귀를 닦아 주고 치아를 몇 번 만져 보더니 끝이었다.

문제는 밤마다 아파오는 머리였다. 통증으로 잠을 이룰 수 없었다. 겉으로 보이는 상처나 통증도 문제지만 속으로 어떤 골병이 들었는지 알 수 없는 일이었다. 교통사고 환자에 대해 치료가 어쩌면 그리도 무심한지 화가 나기보다는 차라리 어처구니가 없었다. 러시아 병원은 믿을 수가 없었다. 아무래도 한국으로 들어가 치료를 받아 봐야겠다는 생각이 들었다.

12월 초순, 러시아에 온 지 3개월째였다. 교통사고 후 2주를 견디다가 결국 귀국하여 명지병원에서 정밀 검사를 받았다. 머리에 심한 충격이 가서 어혈이 돌고 있다는 것이다. 사고 당시 피가 귀로 나와서 다행이지 만약 나오지 않았다면 더 큰 충격이 있었을 거라고 했다.

앞에 치아가 부러져서 불량한 사람처럼 보이는 치아는 새로운 범냥 치아로 덮으니 내 본래의 치아처럼 깨끗해 보였다. 머리에서 도는 어혈은 명지 한방병원에서 환으로 약을 조제해서 주었다. 몇 달 복용하면 많이 좋아질 것이라고 했다. 치료비는 명지대학교 선교실에서 실장으로 계셨던 유병우 목사님이 부담해 주셨다.

위험한 고비는 넘겼다는 말에 서둘러 다시 러시아로 돌아왔다. 1세대 선교사로서 오래 교회를 비울 수가 없었다. 예정에 없던 휴가가 되어 만났던 가족과 헤어지는 것이 참으로 아쉬웠다. 하지만 얼마 후 가족을 데리고 들어가기 위하여 다시 한국에 올 것을 생각하며 다시 러시아로 입국했다.

그렇게 혼자 추운 러시아의 겨울을 보내고 해가 바뀌어 1992년 3월에 다시 한국을 찾았다. 그동안 아내 민승자 선교사는 러시아 선교를 위하여 침술자격증을 받아 봉사 활동을 하고 있었으며 소련선교회에서 러시아어 언어 훈련도 열심히 공부하고 있었다.

온가족이 러시아로 가기 위한 출발을 앞두고 있는데, 가족회의에서 생각하지 못한 어려움에 부딪쳤다. 첫째 아들 정석이가 5학년이었는데 6학년 졸업만 하고 가게 해 달라고 눈물로 간청하는 것이 아닌가?

"아빠, 내가 면목동 이모네 집에서 학교 다니더라도 졸업만은 하고 싶어요. 졸업하고 가게 해 주세요."

면목동에서 내가 살던 목동 8단지는 거리도 거리지만 어린 아이 혼자 두고 간다는 것이 못내 마음에 걸렸다. 그리고 사실 한국의 초등학교 졸업장이 러시아 학교에 어떤 도움이 되는 것도 아니다. 그러나 아이로서는 어차피 중학교에 가면 모두 헤어진다고 해도 졸업을 1년 남기고 졸업장도 못 받은 채 헤어지기가 싫었던 모양이었다.

"정석아, 너의 마음은 아빠도 이해하지만 졸업하고 못하고는 러시아 학교 진학에 아무런 도움이 안 되는 거야. 그러니 엄마와 진실이 갈 때 너도 같이 가도록 하자."

정석이는 자기 나이에 달리 선택의 방법이 없는 것을 알았는지 시간이 얼마 지나자 자기의 생각을 접고 같이 가기로 했다. 그러나 지금까지도 아버지로서 아이에게 못할 일을 한 것 같은 아픔은 가시지 않는다. 정석이는 부모의 잦은 이사로 유치원 때부터 초등학교 5학년까지 자기 의사와 관계없이 매 학년 다른 곳으로 전학을 하며 공부를 한 아이여서 더욱 마음이 아려왔다.

가족들이 러시아로 도착하고 며칠 지나지 않아 언어도 모르는 아이들을 떠밀다시피 해서 학교로 보냈다. 진실이는 1학년, 정석이는 5학

열악한 선교지에서도 선교적인 사명을 가지고 함께 선교사로 살아가는 가족

년에 편입시켰다. 언어를 몰라도 환경에 적응하는 것도 배움이라며 무작정 아이들을 학교로 보냈다. 그런데 문제는 통역도 없는 학교에서 아이들이 요구하는 본능적인 것들이 문제였다.

어느 날, 진실이가 학교에서 돌아오더니 물을 들이키는 것이다.

"무슨 일이니? 물이 그렇게 마시고 싶었으면 학교에서 마시지?"

"아빠, 물을 먹고 싶다고 말했는데 선생님은 나를 아이를 시켜서 화장실로 데리고 가는 거야. 다시 물을 먹고 싶다고 흉내를 내도 다시 화장실로 데리고 가더라구요. 또 이야기하면 또 데리고 갈까봐 그냥 참다가 온 거야."

웃지 못할 일이 어디 이 일뿐이겠는가? 가족들 역시 러시아에서 어떻게 적응하였는지 말하라고 하면 나보다도 더 많을 것이라고 생각한다. 아내와 3명의 아이들이 선교사 가정의 가족으로 산다는 것이 얼마나 어려웠는지 어찌 글로 다 표현이 되겠는가? 자기 하고 싶은 말들을 참아가며 선교사 가정의 아이들로 산다는 것은 참으로 또 다른 아픔과 어려움이다.

최근에는 선교사 자녀들을 위한 사역들이 조금씩 준비되고 있지만 더 구체적으로 이들을 위한 보살핌과 선교사 자녀로서의 자긍심을 심어 줄 필요가 절실하다고 생각된다.

6
'아름다운 교회를 건축하여 저들을 섬기자'

음악학교의 예배에 모이는 성도들은 약 60명에서 80명 수준이었다. 등록하지 않고 그냥 다녀가신 분들은 포함하지 않은 수이다. 이처럼 생각보다 빠르게 예배가 정착되자 독립적인 예배 공간이 절실했다. 매주일 없는 의자를 구해서 회중석을 준비하고 또 그때 그때 책상을 찾아서 다시 천으로 덮어 강대상을 만들고 밖에는 나무로 십자가를 만들어 입구에 걸어야 했다. 그리고 추운 겨울에 교회로 찾아오는 분들을 위하여 매주 차를 대접하였는데, 우리만의 공간이 아니다 보니 그것도 쉽지 않았다.

　　기존 건물을 매입하려고 다녀 봐도 교회로 사용할 만한 마땅한 건물이 없었다.

여러 가지 궁리 끝에 시청에 교회 부지를 신청했다. 앞으로 사역에 필요한 교회와 교육관은 물론 나아가 현지인 목회자 배출을 위한 신학교 부지까지 포함을 시켜 시장에게 계획서를 제출했다. 신청 후 며칠 지나지 않아 시청 토지 관리부에서 면담을 신청했다.

"어떤 곳에 교회를 건축하기를 원하십니까?"

"이 도시 가장 중심에 교회를 건축하고 싶습니다."

"그러면 지금 중국 호텔을 건축하는 맞은편에 산이 하나 있습니다. 괜찮으시겠습니까?"

우리 도시에서 가장 중심부에 차지하고 있는 산 하나를 교회 부지와 기타 시설들을 위하여 49년 계약으로 임대를 했다. 6만 평방미터가 되는 작지 않은 부지였다.

이 소식을 파송 교회인 서울 남교회에 알렸더니 담임목사이신 박원섭 목사님과 이창수 장로님, 이일남 장로님이 이곳을 방문하셨다. 후원교회에서 현장 답사를 다녀가신 후 정기 당회에서 나호드까에 교회를 건축하기로 결정이 내려졌다. 1차 건축비 예산으로 10만 불을 지원해 주시기로 결정해 주셨다.

건축 공사는 중국호텔을 건축하는 중국 회사에 요청했다. 중국 사장도 나의 제안에 흔쾌히 허락했다. 한국에서 중국으로 건축비를 송금하고 나는 이곳에서 건축된 건물에 입구 문만 열고 들어가서 바로 일을 할 수 있도록 건축 일체를 건설 회사에 맡기는 것으로 합의를 했다. 일단 미화 5천 불을 지불하고 나머지는 진행에 따라 중국으로 직접 송금하기로 했다.

먼저 설계를 신청했다. 교회는 본당이 천 명이 들어가게 설계되었고, 교육관이 오백 명, 사무실과 부속건물을 합해 5층으로 된 건물이 조화를 이루도록 설계했다. 그런데 이 설계를 하는 데만 현지에서 자그마치 일 년의 시간을 허비했다. 문제는 1년 전에 10만 불로 지을 수 있었던 건축비가 설계를 끝내고 나니 물가상승으로 무려 10배로 올라 있었다는 점이다. 10만 불이던 것이 100만 불이 되었다. 지금도 그렇지만 당시 러시아 물가는 하늘 높은 줄 모르고 수직으로 오르고 있었다.

후원교회에 보고를 했더니 설계를 축소하라고 했다. 다른 방법이 없었다. 적지 않은 설계비를 주고 다시 설계를 했다. 그렇게 설계한 것도 10만 불 금액으로는 건축비를 맞출 수가 없었다. 결국 기초 설계는 한국에서 하기로 하여 교회 설계 전문 설계사무소에서 15일 만에 투시도를 준비해서 입국하였다. 그리고 건축 공사기간을 단축하기 위하여 한국에서 생산하는 샌드위치 판넬로 건축하는 것을 시 건축 담당자에게 보고하였다. 그런데 샌드위치 판넬은 화재에 노출된다는 이유로 허락을 받아내지 못하여 건축 문제는 다시 원점으로 돌아갔다.

길이 보이지 않았다. 잠 못 이루는 날이 계속되었다. 몸은 무엇을 먹기만 하면 소화 기능 어디에 문제가 있는지 칼로 오려 내는듯한 통증이 시작되었다. 일도 안 되니까 신경성 소화 불량으로 생각하고 소화

제만 계속 먹었다. 병원에서 내시경으로 조사를 해 보아도 위염으로만 진단을 해 줘서 위염 치료제 약만 복용을 했다. 그래도 밥만 먹었다 하면 고통은 계속되었다.

아픈 배보다 나를 더 아프게 하는 것은 건축이었다. 후원 교회에서는 건축이 그렇게 어려우면 기존에 있는 건물을 사서 리모델링하여 예배를 드리라는 권면이 있었다. 나도 후원교회도 지쳐가고 있었다. 이런 날들이 3년이나 계속되었다. 땅은 삽질 한번 못 해 보고 건축 설계비로만 2만 불 헌금이 들어가 버렸다.

끝이 안 보이는 이 일에 매달리기 어려워 시청 토지담당과 상의를 해서 토지를 반납하기로 결정했다. 그리고 대토를 부탁했다. 시에서는 시외곽의 산비탈 지역을 추천하였다. 처음에는 외국 선교사인데다 화려한 설계도를 보고 시에서도 잔뜩 기대하고 있다가 수표로 돌아가자 나를 무시하기 시작하는 것이 부지를 추천하는 데서 바로 느껴졌다.

그러나 미래가 보이지 않는 그곳에 교회를 건축할 마음이 없었기에 계속 부지를 찾아보던 중 지금 교회가 위치한 부지를 발견할 수 있었다. 차량을 보관하는 10개나 되는 컨테이너가 들어서 있는 차고자리였다. 주변에는 쓰레기로 가득하였고 누구 하나 관심을 갖지 않는 자리였다. 시 건설국에 문의해 본 결과 주차된 차량은 모두 불법 주차였다.

나는 이 부지를 달라고 건설국에 떼를 썼다. 비록 크지는 않았고 땅도 삼각형이면서 비탈진 곳이지만 이미 예배를 드리고 있는 음악학교에서 도보로 5분 거리이고 나호드까시 센터에서도 버스로 10분이면 도착되는 시 중심부였던 것이다.

쉽지 않은 일이었으나 그 동안 나의 어려움을 지켜본 당시 건설국 츄지노브 국장은 다행히 새로운 부지를 허락해 주었다. 츄지노브 국장은 우선은 이곳에서 임시로 건축하고 여력이 있으면 다시 땅을 받아서 건축하라고 위로해 주어서 얼마나 힘이 되었는지 모른다. 하나님이 국장의 마음을 감동시켜서 나를 이렇게 인도하셨다고 생각하니 마냥 하나님께 감사했다.

현장 땅 모양에 맞게 다시 설계를 부탁했다. 사각으로 생긴 땅이 아니라 세모 모양에 자투리땅이라 교회가 어떻게 앉아야 할지 설계사도 고민이 컸다.

몇 번째 설계인지……나도 기가 막혔다. 돌아 갈 수도 없고, 없던 일로 하고 모든 것을 포기하지도 못하는 일이 아니던가? 설계에 알레르기 반응이 오는지 이제는 설계를 시작하면 세월만 갈 것 같아 불안하기도 했다. 그러나 다른 방법이 없었다.

설계가 진행되는 동안에 교회 건축할 현장에 주차 컨테이너를 모두 철수시켜야만 했다. 나는 시간이 있을 때마다 컨테이너에 광고를 붙였다.

"교회를 건축합니다. 한 달 안에 철수하여 주십시오. 나호드까 장로교회 목사."

어떻게 되었을까? 저녁에 광고를 붙이고 아침에 가보면 보기 좋게 모든 광고들이 싹 뜯어져 있었다. 누구도 컨테이너를 철수할 의사가 없어 보였다.

어느 날 교회 부지를 돌아보는데 모르는 사람이 다가왔다.

"당신이 박목사입니까?"

"그런데요?"

"당신 목숨이 몇 개야? 권총 맛을 봐야 알겠어? 우리는 태어날 때부터 이 자리를 차고로 쓰는데 왜 남의 나라에 와서 내 땅에 사는 우리를 쫓아내는 거야?"

양손을 허리에 얹고 당당하게 소리치는 그의 몸에는 진짜 권총이 허리에 매달려 있었다.

"선생님, 저는 시청으로부터 건축 허가를 받았구요. 얼마 있으면 기초공사를 해야 합니다. 그런데 차고를 치워 주셔야지 안 그러면 우리가 어떻게 건축을 합니까?"

"너! 정말 권총 맛 보고 싶어?"

"나야 좋지요. 나는 죽으면 천국 가는데 당신은 지옥에 갈 걸요. 한 번 쏴 보시지요."

씩씩거리던 남자의 손이 떨리는 것이 보였다. 그는 한참을 나에게 육두문자를 써 가며 욕을 하다가 사라졌다.

"아…, 살았구나."

그제야 긴장되었던 마음이 풀어지며 한숨이 나왔다. 다음날 그가 누구인지 조사해 보았다. 현직 경찰국장이라고 했다. 이제는 내가 흥분이 되었다.

"이걸 살인 미수죄로 경찰서장에게 일러버려? 아니야 참아야지. 그 사람에게도 가족이 있고 자기도 평생 주차장으로 쓰다가 외국 목사가 나가라고 하니까 흥분할 만하지 않니? 총으로 위협은 했어도 쏘지는 않았잖아?"

그때로부터 시간이 많이 지난 지금은 그 경찰국장이라는 사람이 나에게 대하는 모습을 보면서 내가 그때 참기를 참 잘했다고 생각한다. 지금은 그 사람이 10미터 전방에서부터 나에게 90도로 인사를 하고 있다.

몇 달 동안 교회 건축 현장에 있는 차고 철거를 위해 노력했으나 하나도 철수시키지 못했다. 대책이 없었다. 당시 나는 답답하면 늘 부시장 무히나를 찾아 내 고민을 이야기했다.

"빠스또르 빡! 3일만 시간을 주면 내가 철거를 보장합니다."

어느 날 무히나가 그렇게 장담했다. 순간 귀를 의심했다. 부시장 방을 나서며 연신 고맙다는 인사는 하고 나왔으나 내 마음 속에는 여전히 의심이 가득했다.

"그냥 한 말이겠지. 정작 현장에서는 안 움직이는데 어떻게 한단 말인가?"

그래도 부시장이 약속했으니 혹시나 하고 매일 차고 현장을 돌아봤다. 어느 것 하나 움직이지 않고 모두들 자기 자리를 지키고 있었다.

"나에게 인사치레로 한 말일 거야…."

그렇게 다음 날에도 그리고 마지막 날 아침에도 실망스럽게 현장만 돌아봤다. 그날 오후에 전화가 왔다. 무히나였다. 교회 부지 현장으로 오라는 것이었다.

급히 달려가 보니 아침까지도 조용하던 현장이 부시장을 비롯하여 크레인과 대형 트럭과 교통경찰과 시청 건설국 국장과 주민들로 북적북적했다. 경찰은 철거되는 차고에 뭐가 있는지 하나하나 기록을 하면서 큰 대형 트럭으로 짐을 실을 준비를 하고 있었다. 무히나가 나에게 다가와 귓속말로 속삭였다.

"빠스또르 빡! 30분만 있으면 주인들이 다 나타나서 철수할 것입니다."

그의 말대로 정말 얼마 지나자 여기저기서 트럭과 크레인이 모여들기 시작하더니 거짓말 같은 일들이 벌어졌다. 차고가 철수되고 있는 것이 아닌가. 나에게 권총으로 위협하던 경찰 국장도 사람을 시켜서 자기 차고를 어디론가 실어갔다. 또 나에게 늘 무시하는 눈빛으로 째려보던 청년 한 사람도 피난민 짐 같은 차고 안의 짐을 옮기느라 정신이 없어 보였다.

주인이 미처 나타나지 못한 차고는 시청에서 사고 난 차량이 보관되는 장소로 이동시켰다. 그곳의 하루 보관료가 당시 일반인들 주급에 맞먹는 돈이었으므로 빨리 찾아가는 것이 상책이었다. 그래서 사람들은 시청에서 철거한다고 하니 너도 나도 서둘러 자진 철거를 시작했던 것이다.

몇 달을 속 썩이던 차고가 마침내 없어졌다. 나는 저녁시간에 텅 빈 교회 부지를 돌아보았다. 텅 빈 것은 차고 자리만이 아니었다. 현지인들을 섬기겠다고 선교지에 와서 저들이 그렇게 안 나가겠다고 버티던 이 현장을 보니 내 마음이 뭔지 모르게 허전했다.

그래도 속으로 조용히 다짐했다.

"아름다운 교회를 건축하여 저들을 섬기자. 저들도 그리고 저들의 자손들도 하나님을 섬기고 찬양하는 성전을 건축하자. 쫓아내는 내 마음도 아프지만 그렇다고 수술 없이 치료할 수는 없지 않은가?"

지금의 철수는 아픈 수술이지만, 앞으로 건강한 교회로 태어나서 이들을 섬기는 것이 선교사로서 할 일이라고 다짐했다.

7

건축은 중국 조선족의 손으로

주일 예배는 여전히 음악학교를 이용하고 있었다. 그러나 평일에는 청년직업훈련소에서 각종 집회와 업무용 사무실을 임대하여 사용하였다.

나는 중국에서 장사하러 온 조선족들과 한족들을 위한 중국인 예배를 시작했다. 그들 중에 이종섭 집사님이 계셨다. 어느 날 이 분이 나를 찾아오더니 땅을 치며 통곡을 했다.

"아니 집사님, 왜 그러세요?"

"목사님! 같이 동업하던 동무가 사업자금을 몽땅 훔쳐서 밤에 야간도주 했습니다. 나는 망했습니다! 나는 망했습니다!"

과일 도매업으로 사업을 꽤 크게 하면서 좋아하시던 분인데 안타

깝기 그지없었다. 그러나 나로서는 도울 방법이 없었다.

한참 통곡하고 난 다음 그분이 말했다.

"목사님 나는 중국으로 가겠습니다. 가서 주의 일이나 열심히 하렵니다. 주님이 뭘 원하시는지 깨달았습니다. 내 집에다가 교회를 건축하여 예배를 드리겠습니다."

이분이 지금 러시아와 중국 국경지역 도시 수분하에서 교회를 개척하신 이종섭 전도사님이시다. 지금은 아버지가 개척한 교회에서 1981년생인 아들 이명우전도사가 교회를 사역하고 있고 이종섭 전도사님은 조용히 뒤에서 도와주고 계신다.

당시 중국으로 들어가시던 이종섭 집사께서 나에게 인사를 하러 왔다. 작별 인사를 나누면서 나는 그에게 부탁을 했다.

"혹시 교회를 지을 수 있는 건축업자가 있으면 러시아로 좀 보내서 건축 좀 하게 도와주십시오. 감독 1명, 목수 2명, 조적공 3명, 공사 보조원 5명, 주방장 1명이면 될 것 같습니다."

"걱정 마십시오. 우리 동네에 정말 손재주가 뛰어난 천수길이라는 목수가 있습니다. 나머지 일꾼들은 그 사람이 다 알아서 조직할 것입니다."

이종섭 집사가 중국으로 들어간 지 2주 후에 천수길 씨가 직접 러시아로 나오셨다. 그리고 설계도와 건축 현장을 보고 나서 말했다.

"목사님, 우리가 합니다. 목사님이 비자 책임지시고, 입국비용 출국비용 책임지시고 우리 숙소 문제와 식사 문제 해결해 주시면서 한 사람에게 300불 책임지십시오. 하루 작업량은 12시간 보장합니다."

나도 만족했다. 문제는 비자였다. 러시아에서 노동비자를 받으려면 1년 전부터 시 노동부와 주 노동부를 경유하여 모스크바 노동부의 허락을 받아야만 한다. 외국인 노동비자가 나오는 데에 통상 1년이 걸렸다. 일꾼들이 바로 들어와야 하는데 1년을 허비한다는 것은 물가 상승 등 다른 여건을 생각해도 안 될 일이었다.

내가 제안했다.

"일단 여행비자로 들어와서 현지에서 해결합시다. 노동비자는 언제 나올지 그 누구도 보장 못합니다."

"좋습니다."

천 목수는 성격이 급한 한국 사람과 똑 같았다. 그렇게 해서 교회를 건축할 중국 인부들 11명이 러시아로 들어왔다. 그들은 적당히 위장을 하자고 해서 머리에는 모두 공사용 안전모를 쓰고 일했다. 누가 봐도 회사 일꾼들이지 오합지졸로 들어온 여행자로 보이지 않았다.

어느 나라나 외국인 불법 체류자들을 위하여 출입국 관리 사무소가 있다. 우리 도시의 출입국 관리 사무소는 교회 건축 현장에서 바로 눈앞에 보이는 50미터 앞에 있었다. 이들이 한번이라도 비자 검사를 했다면 모두 불법 체류자로 구속 아니면 추방감이었다.

간이 붓지 않고서는 도저히 시도할 수 없는 일을 우리는 교회 건축이라는 흥분에 젖어서 겁도 없이 불법체류자들을 데려다가 출입국 관리 사무소 앞에 교회를 짓기 시작했다.

완성된 나호드까 교회 모습

건축이 완성된 나호드까 교회는
1998년 러시아 연해주 올해의 건축상을 수상하였다.

8
선교지를 위해 예비된 건축 자재 모으기

인부들이 기초 작업을 할 때 나는 한국으로 들어가 건축 자재를 사 모으기 시작했다. 문제는 어느 한 장소에 모아서 컨테이너로 러시아로 옮겨야 하는데 적당한 장소가 없었다. 무조건 부산으로 갔다. 먼저 부산역 앞에 교회들을 순회하면서 교회 주차장에 러시아로 갈 선교용 건축자재 모아두도록 허락해 달라고 요청했지만 어느 교회도 대답을 하지 않았다.

새 신자가 오면 주차해 드려야 하는 교회의 입장만 이야기할 뿐이었다. 답답한 마음에 기독교 학교인 이사벨여고에 가서 문의를 하였더니 허락을 해 주었는데, 학생들의 수업에 방해가 안 되도록 트럭은 교문 밖에 두고 사람이 체육관으로 옮겨야 한다는 조건이 붙었다. 교회에서 받은 낙담을 생각하면 그나마 고마운 일이었다. 그러나 무거운 자재들을 교문 밖에서부터 일일이 들어 날라야 하는 것은 결코 쉽지 않는 일이었다.

부산까지 왔으므로 내가 모시고 개척했던 정은주 목사님이 장로로 섬겼던 수영로교회에 가 보고 싶었다. 다행히 이사벨여고에서 수영로교회는 그리 멀지 않았다. 선교사 신분으로 갔으므로 선교국을 찾아갔다. 당시 수영로교회에는 선교국장이 김한국 목사님이셨다. 소문대로 수영로교회는 규모도 컸고, 선교국의 활기도 넘쳤다.

그런데 개 눈에 뭐밖에 안 보인다고 수영로교회에서 나에게 제일 마음에 드는 것은 넓은 주차장이었다. 당시 수영로교회는 옆에 있던 신도물산을 매입하여 교회 신축을 준비 중이었다. 그 신도물산의 담장을 다 허물고 지붕만 남겨 놓고는 주차장으로 사용하는데 정말 어마어마하게 넓었다.

선교국 김한국 목사님에게 "선교지에 갈 건축 자제를 좀 쌓아 두어야 하는데 장소 좀 제공해 달라."고 부탁을 했더니 정필도 목사님이 지금 장로님하고 탁구를 치고 계시니 가서 허락을 받아 오라고 했다.

정필도 목사님은 정은주 목사님을 모시고 강서로교회를 개척할 때 부흥회 강사로 오셔서 집회도 인도하여 주신 인연이 있어 나와는 구면이었다. 당시 부흥회에서 은혜 받은 내가 정필도 목사님에게 건의하였던 것이 출판이었다. 그래서 함께 부산 기독교방송에서 설교하였던 설교 테이프로 누가복음 강해 설교집을 엠마오출판사에서 출판했었다. 그것이 정필도 목사님의 첫 번째 저서였다.

물론 출판은 내가 원해서 스스로 목사님 의사와 관계없이 해드린 것이었으므로 정필도 목사님이 내게 신세진 것은 없었다. 어쨌거나 지금은 내가 그 분의 도움이 필요하므로 목사님에게 사정을 할 수밖에 없었다.

정필도 목사님은 탁구장에서 땀을 흘리며 운동하고 있었다. 나를 보고 반가워하시는 목사님에게 나는 불쑥 건축 자재 건부터 이야기하였다. 목사님은 그 자리에서 흔쾌히 허락해 주셨다. 그렇게 해서 나호드까 교회 건축 자재는 수영로교회 주차장으로 모으기 시작했다.

교회의 문은 동삼동으로 가서 목공소에 무조건 주문을 했다.

"돈 안 주면 나 망합니다."

목공소 주인은 젊어 보이는 사람이 작업부터 하면 나중에 송금해 준다고 하자 자기 입장부터 하소연했다. 그러나 내가 약속을 꼭 지키겠다고 하자 흔쾌히 선금 없이 제작을 시작해 주었다.

많은 건축 자재들이 이런 식이었다. 주문은 내가 하고 결제는 당시 서울 남교회 선교 위원장이셨던 성종정 장로님이 온라인으로 결재해 주셨다.

나는 앞서서 일만 저지르면 되는 일이었다. 투명하고 깨끗하게만 선교 한다면 하나님이 사람을 통하여 일을 하시고 또 필요한 물질도 주신다. 아무리 세계 경제가 어렵다고 해도 선교지를 위하여 많은 숨은 재산이 쌓여 있다고 믿는다. 그런데 교회가 선교사를 못 믿고 사역을 못 믿으니까 주머니를 안 여는 것이다.

사람 앞에서가 아니라 하나님 앞에서 하는 사역이라면 어떤 일이든 하나님이 책임져 주신다고 나는 확실히 믿는다.

9
뜻밖의 손길들

서울 남교회에서 기본적인 건축 후원을 한다고 해도 건축비는 턱없이 부족했다. 그래서 내 스스로 건축 헌금을 모금한다고 인쇄물로 인쇄하여 교회로 발송도 해 보았으나 큰 효과가 없었다. 당시 총회 선교국장이신 강승삼 목사님의 추천서를 받아서 목사님들에게 도움을 요청해도 별 반응이 없었다.

그때 문득 기억나는 것이 있었다. 최태섭 장로님이 회장으로 있는 한국유리에서 농촌에 교회를 건축하면 유리를 지원해 준다는 말이었다. 나는 최태섭 장로님을 한 번도 만난 적이 없고 알지도 못하지만 교회 건축을 앞에 두니까 보이는 것이 없었다.

아이를 키워야 한다는 모성애의 마음이 이럴까? 창피한 것도 수치

나호드까 교회 전면이 한국 유리로 채워진 모습

스러운 것도 문제가 되지 않았다. 교회만 건축 된다면……

나는 무조건 한국유리의 여의도 본사로 찾아 갔다. 그리고는 회
장실로 직행했다. 그때가 점심시간이었는데 비서실장이 내 이야기를 듣
더니 "일단 스카이라운지에 사원 식당이 있으니 가서 식사하고 내려와
서 이야기하자."고 했다.

여의도 중심에 자리 잡은 한국유리 본사는 고층에다가 스카이라
운지에 사원 식당이 있어 유명한 레스토랑이 부럽지 않은 분위기였다.

식사를 하고 비서실로 내려오자 비서실장이 말했다.

"선교사님, 나에게 말해야 소용이 없습니다. A4 용지 한 면에 누
가? 어디서? 무엇을? 왜? 얼마나? 어떻게? 이런 식으로 내용을 정확하

게 적어 주시면 제가 일주일 후에 답을 드리겠습니다."

역시 대기업의 비서실장다운 일 처리 방법이었다.

일주일 후에 비서실장으로부터 전화가 왔다.

"목사님. 최 회장님이 유리를 필요한 만큼 드리랍니다. 어디로 보내야 합니까?"

이미 건축자재 수집 장소는 부산 수영로교회로 정해졌으므로 그곳의 주소와 전화번호, 경비원 전화번호까지 다 불러 주었다.

"김해 대리점에서 내일 배달될 것입니다."

군말 하나 없이 시원스러웠다. 감동이었다. 바로 그 다음 날 5밀리미터 그린유리가 수영로교회로 배달되어 왔다.

이 일이 있고부터 선교사로서 한국유리를 위한 기도를 안 할 수 없었다. 마음에서 저절로 기도가 우러나왔다. 그래서일까? 이때부터 한국에서는 건축 양식이 외벽에 유리를 씌우는 것으로 바뀌어 가면서 공급이 부족할 만큼 유리 수요가 급증하였다. 한 개인 선교사의 기도로 세상이 그리 바뀐 것은 아니겠지만, 그 후로 길을 가다가도 외벽 전체가 유리로 된 건물을 보면 기분이 좋고 한국유리에 대해서 새삼 고마운 마음이 들고는 했다.

유리가 그렇게 장만이 되자 자신감이 충만해졌다. 이제는 천장 재료를 위하여 석고 보드를 마련해야 했다. 당시 석고보드 회사 중 장로님이 운영하시는 유명한 회사가 있었다. 몇 번 망설이다가 이번에도 부탁을 해 보기로 했다. 나는 그 그룹의 건물 앞에서 사옥을 바라보며 공중전화 박스 안에서 전화를 드렸다.

'장로님이라고 존칭을 불러 드려야 좋아하실까, 회장님이라고 해야 좋아하실까?'

혼자 그런 것까지 고민하다가 그래도 교회는 아니니까 회장님으로 존칭을 사용하기로 하고 전화를 드렸다. 회장과 전화 연결이 되었을 때 나는 간단히 내 소개를 하고는 단도직입적으로 석고보드 좀 지원해 달라고 말씀드렸다.

"여보세요. 선교사가 무슨 거지입니까? 왜 바쁜데 아침부터 전화해서 석고보드를 달라는 겁니까? 선교비는 총회 선교부에 가서 이야기하세요."

쾅! 전화기 내려놓는 소리가 들렸다. 내가 멍하니 들고 있는 수화기에서는 뚜뚜뚜 하는 소리만 하염없이 울렸다. 하기야 업무가 시작되는 아침 시간에 느닷없이 그런 전화를 받았으니 기분이 안 좋았을지 모른다. 나는 온몸이 굳어서 움직여지지가 않았다. 불과 몇 십 초 전에 가졌던 기대와 흥분은 어디론가 깨끗이 사라져 버렸다.

한참을 그렇게 수화기를 들고 그룹 사옥을 쳐다보는데 아무 생각도 나지 않았다. 어떻게 공중전화 부스를 나왔는지, 내가 어디로 발걸음을 옮기고 있는지 아무 감각이 없었다. 생각해 보면 내가 미친놈이었다. 산업 현장이란 전쟁을 방불케 하는 치열한 비즈니스 세상인데, 중요한 사안을 결정하고 추진해야 할 회장님에게 느닷없이 석고보드를 달라고 했으니…… 말할 수 없는 자괴감이 들었다.

그 후 몇 달이 지났다. 앞의 그 석고보드 회사에서 운영하는 건설회사가 행주대교를 건설하다가 다리 공사가 쓰러지는 사고가 났다. 대형 사고였다. 그리고 수년이 지났을 때 우리 총회 게스트하우스가 풍납동에 있을 때 새벽기도를 가려고 나가는데 신문에 아는 분의 이름과 사진이 1면에 크게 실려 있었다. 내가 석고보드를 부탁했던 회장님이 갑자기 돌아가셨다는 기사가 나와 있었다. 나는 문 앞에 놓인 신문을 한참을 바라보며 혼자 넋두리처럼 주절거렸다.

"이렇게 가실 바에는 석고보드라도 좀 주고 가시지……."

부산에서 건축자재를 모으던 나는 부산 강서구에서 목회하던 오태식 목사를 방문하고 싶었다. 배고프던 시절에 신학교에서 같이 공부하며 목회의 미래를 이야기하던 친구였다.

오랜만에 만나 회포를 풀다가 자연스레 내가 귀국한 이유인 건축에 대한 이야기가 나왔다. 그러다가 창문 이야기가 나왔을 때였다.

"박 목사, 창문은 내 동생한데 재료비만 주면 만들어 줄 거다. 내가 이야기할 테니까 만나 봐라."

"아니? 그럼 감사하지……."

오태석 목사는 그 자리에서 동생에게 전화를 했는데, 당시 사천에서 창문 새시를 하고 있다던 오태문 집사는 전화한 지 얼마 지나지 않아 교회까지 단숨에 달려왔다.

"너, 선교지에 창문 좀 도와줘라. 그냥 도와주라는 것이 아니라, 재료비는 받고 인건비는 받지 말고 제작해 주란 말이다."

"예! 형님, 형님 말씀하시면 그래야지예……."

덩치는 형보다도 크고 나이도 많아 보이는 동생이 형 말이 떨어지기 무섭게 순종하는 모습이 참 인상적이었다.

그래서 러시아 창문은 그 자리에서 주문이 되었다. 큰돈이 안 드는 알류미늄 새시로 주문했다. 유리는 한국유리에서 제공받은 것이 있으므로 창틀만 제작하여 수영로교회 차고로 보내라고 했다.

그런데 오태문 집사는 창문 제작으로 끝나지 않고 교회 입구의 대형 창문에 쓸 재료도 보내면서 필요할 때 부부가 자비로 가서 설치해 주겠다고 약속했다.

훗날 두 부부는 약속대로 러시아에 입국하여 여행 다닐 시간도 없이 이른 아침부터 늦은 저녁 시간까지 창틀과 본당 2층 베란다 가림대까지 알뜰하게 손을 봐 주고 비행기 시간에 맞춰 한국으로 돌아갔다. 짧은 단기 선교를 참으로 알차게 보내고 돌아간 것이다.

더욱 마음을 아련하게 한 사건은 이렇게 선교지를 다녀간 지 얼마 지나지 않아 오태문 집사의 부인 이미자 집사가 교통사고로 하늘나라로 갔다는 소식이었다.

"불같은 남편을 옆에서 그렇게 잘 조절하고 내조하던 분이 가셨다면 아이들은 어떻게 하고 마당쇠처럼 일만 할 줄 알던 오 집사는 이미자 집사 없이 어떻게 살까?"

오랫동안 내 마음을 아프게 했다. 이미자 집사가 천국에 가신 후 나는 한국에 갈 시간이 되면 오태식 목사는 못 만나도 동생 오태문 집사는 꼭 만나고는 했다.

다들 고마운 분들이지만 그래도 선교지를 위하여 마음을 다하여 섬겼던 두 분의 순수한 헌신을 잊을 수가 없다. 하늘나라에서 우리를 기다리실 이미자 집사의 밝은 모습이 머리에서 지워지지가 않는다.

이 글을 준비하는 사이 오태식 목사에게 전화하였더니 오태문 집사마저 심장마비로 하늘나라로 가셨다는 소식을 들었다. 두 분은 이미 하늘나라에서 우리를 기다리지만 그분들이 선교지에서 수고하시며 건축해 놓은 창틀과 난간 손잡이들은 오늘도 많은 영혼들의 버팀목이 되어 주고 있다. 하늘나라에서 주님이 주시는 위로로 편히 안식하기를 기도한다.

10
건축자재 무관세 통과

여러 우여곡절을 거쳐 한국에서 모든 건축자재를 선적하여 러시아로 보냈다. 그런데 세관 통관 문제가 남아 있었다. 당시 나는 러시아 세법도 모르면서 교회를 위한 건축 자재는 무조건 면세라고 확신했다. 무역도 아니고 매매할 물건은 더더욱 아니지 않는가?

세관장을 찾아갔다. 나와 비슷한 나이로 평소에도 친구처럼 지내는 허물이 없는 사이였다. 그는 내 기대와는 달리 의외의 대답을 했다.

"무관세는 될 수 없으니 관세를 다 내고 물건을 찾아 가십시오."

"어떻게 해야 면세 혜택을 받을 수 있습니까?"

"모스크바에서 세관장이 이 물건은 면세라고 확인해 주는 허락서를 받아 오세요."

"그럼 일단 일이 급하니 관세를 내고 물건을 찾은 다음에 내가 모스크바 세관장의 허락을 받아 오면 그 돈을 환급해 주는 조건으로 합시다."

"좋습니다."

"그럼 나도 남자고 세관장님도 남자니까 우리 종이에 약정서 같은 것 없이 말로 약속합시다. 모스크바 세관장의 허락서를 받아 오면 내가 지불하는 미화 금액 그대로 세관에서도 나에게 미화로 환급해 주는 조건입니다."

"그렇게 하지요."

당시 관세는 미화 8천불이나 되었다. 적지 않은 돈이었지만 일단 건축에 지장이 없도록 관세를 지불하고 건축자재들을 찾았다.

나는 자재 컨테이너를 교회 건축 현장에 갖다 놓고 본격적으로 모스크바로부터 허가서를 받아 낼 준비에 들어갔다. 내가 지금이나 그때나 8천불을 헌금할 능력은 안 되지만 8천불을 절약하면 곧 헌금이라고 생각하니 결사적으로 뛰어다니게 되었다.

첫째, 시장 앞으로 편지를 썼다. 우리 도시에 교회가 필요하며 이 교회를 건축하기 위하여 한국에서 보내지는 건축 자재가 무관세로 되도록 도와 달라는 내용이었다.

둘째, 나호드까시 건설국으로 땅을 교회 건축용으로 허락했다는 사실을 서류로 보내 달라고 부탁했다.

셋째, 설계도와 설계한 설계회사의 면허증과 설계사의 설계사 자격증 그리고 그가 세관장에게 쓴 편지를 첨부했다.

넷째, 자기 지역에서 교회가 지역 주민을 위하여 정말 필요하다는 사실을 써달라고 지역 국회의원에게 부탁했다.

다섯째, 한국 총회 선교부에서 일체의 건축자재는 러시아 선교를 위하여 기증한다는 증명서를 받아 러시아말로 번역한 다음 서울 러시아 대사관에 가서 번역공증을 받았다.

여섯째, 나호드까 교회 전체 성도들의 서명을 준비했다. 우리에게 교회가 필요하므로 세관의 도움이 필요하다는 진정서 형식이었다.

일곱 번째, 우리 교회가 연해주 법무부에 등록되어 있다는 것을 보여 주는 교회 등록증과 정관, 기타 세무서에 세무보고를 충실히 하고 있다는 확인서를 첨부했다.

마지막으로 내가 외국인으로 들어와 러시아에 교회를 지어 러시아에 기증할 뜻이 있다는 편지였다. 어차피 이 물건은 교회 건축용이고 교회가 건축되면 직원을 보내서 어떤 용도로 사용되었는지 확인하면 될 것이라는 글과 함께 이 공공시설은 내 자손들에게 유산으로도 줄 수 없는 사회 공익시설임을 강조했다.

이 서류를 준비하는 데 꼬박 2달이 걸렸다. 나는 즉시 모스크바로 특별 우편물을 발송했다. 한 달 후 특별 우편물에 대한 답장이 왔다.

"우리 모스크바 세관 운영위원회에서는 나호드까 교회 건축을 위한 자제 일체를 무관세로 통관하여 주는 것을 허락합니다."

학수고대하던 일이었지만 너무 간단한 대답에 믿어지지가 않았다. '이렇게 쉽게 되나?' 하는 생각마저 들었다. 결코 쉽게 준비한 일은 아니지만.

다음날 세관장 찌센까에게 가서 이 사실을 이야기했다. 그도 나와 비슷한 마음이었는지 처음에는 농담으로 여겼다. 나는 품에서 편지를 꺼내 그에게 건넸다. 그는 편지를 읽고 난 다음 창가로 가더니 오랫동안 담배만 피우고 있었다.

짧지 않은 침묵이 지나고 난 후 그가 나에게 말했다.

"일주일 후에 다시 와 주시면 내가 블라디보스톡 상관에게 보고하고 지시를 받아서 결과를 이야기해 주겠습니다."

"삼 개월을 기다렸는데 한 달이라도 기다리겠습니다."

일주일 후에 다시 세관장에게 찾아 갔을 때 그는 침통한 표정으로 말했다.

"경리과에 가서 돈을 찾아가세요. 목사님 물건은 무관세로 통과되도록 블라디보스톡에서도 허락이 되었습니다."

정말 기뻤다. 담당자와 약속을 했고, 모스크바로부터 허락 회신까지 받았지만 과연 이미 지불한 돌려받을 수 있을지 확신할 수 없었다.

그런데 고스란히 돌려받게 되었다. 막상 세관 경리과에 가서 미화로 8천불을 받고 나니 로또 복권에 당첨된 기분이 이럴까 싶었다. 당시 나는 8천 달러의 헌금은 할 수 없었으나 이런 수고를 통해 건축비는 절약할 수는 있었다.

러시아 세관 직원들

11
홀로서기

나를 도와 일 년이 넘게 통역과 성가대 지휘자로 수고하시던 김 선생이 언제부터인가 지나치게 교회 일에 간섭하기 시작했다. 조언이나 협조가 아니라 지시에 가까운 말을 하면서 무슨 중요한 사안이 있을 때마다 번번이 자기 의견을 관철시키려고 하였다.

통역으로서 내 입이 되어 주고 귀가 되어 주면서 교회에서는 또 성가대 지휘까지 하고 있으니 자기가 없으면 나는 그야 말로 아무것도 아니라고 생각하는 것 같았다. 그래서 교회 운영에 대해서조차 자기가 직접 전체적인 그림을 그리며 지시하는 입장으로 바뀌어 가는 분위기였다. 나로선 당황스러울 수밖에 없었다.

옛날이야기가 생각났다. 임금님을 모시던 당나귀가 주변에서 많은 사람들이 굽신굽신 절을 하니까 자기에게 하는 줄 알고 "아니? 다들 나에게 이렇게 굽실 굽실대며 절을 하는데 내가 왜 무거운 임금을 태우고 다녀야 한단 말인가?" 하며 위에 타고 있던 임금을 떨어 뜨렸다가 도살장으로 갔다는 이야기가 있다.

교회의 운영이나 제반 사무를 꼭 목사가 다 관여할 필요는 없다. 목사는 말씀을 전하는 사람이지 기업의 회장 같은 위치는 아니기 때문이다. 그러나 교회의 대표는 목사일 수밖에 없다. 오직 목사를 통해서만 일하시는 하나님의 뜻이 있다고 나는 지금도 믿는다. 그래서 지도자로서의 목사의 권위는 곧 교회의 권위이기도 한 것이다.

사랑하는 사람들이 출석하는 교회가 있다면 그 교회 목사가 누구인지를 아는 길이 그분의 믿음의 척도가 된다고 말해도 실수가 아니리라. 부산에 아끼고 싶은 믿음의 후배가 있어 그가 봉사하는 교회 목사 청빙을 오랫동안 기도해 주었던 일이 있었다. 정말 사랑하는 사람을 돕고 싶은가? 그렇다면 좋은 목사를 만나도록 기도해야 할 것이다.

당시 나에게는 김 선생과의 결별이 정말 큰 고민이었다. 김 선생이 교회를 운영하는 데에 상당한 도움이 되는 것은 사실이었다. 그동안 나는 거의 모든 일들을 김 선생과 상의하고 의존해 왔던 것이다. 그러나 목사의 권위 위에 서려고 하는 행위를 계속 방치할 수는 없었다. 지금 결단하지 않으면 앞으로 주체적으로 사역할 수 없겠다는 생각이 들었다. 현실적인 필요성과 그냥 두고 볼 수 없는 월권 사이에서 나는 여러 날 깊이 갈등하였다.

그러다가 결국 김 선생을 떠나보내기로 결심했다. 이 위기를 자립의 기회로 삼자고 생각했다. 하지만 같이 일하던 분을 갑자기 그만두게 하면 그분의 사정도 곤란해질 것이므로 우선 그분이 일 할 자리를 찾아보았다. 당시에 러시아에는 한국에서 고철을 사려는 분들이 많이 들어오고 있었다. 마침 그들도 통역이 없어 고생한다는 이야기를 듣고 나는 김 선생을 소개했다. 그들은 내가 김 선생에게 사례하던 200불보다 3배가 많은 월 600불을 주겠다고 했다.

이 이야기를 김 선생에게 전하며 그만 헤어지자고 말했다. 그러나 김 선생은 안 가겠다고 했다. 이제는 내가 사정을 해야 할 판이었다.

"김 선생님, 제발 가 주세요. 내가 교회 일을 못하고 쉬더라도 더 이상은 김 선생님과 같이 갈 상황이 아닌 것 같습니다."

그래도 김 선생은 끝내 나가지 않겠다고 고집했다. 어쨌든 나로선 결정한 일이었다. 주일날 광고 시간에 나는 김 선생님이 다음 주일부터 통역으로 일하시지 못한다고 직접 광고를 했다.

그런데 예배가 끝나고 내가 성도들을 배웅하러 나가는 사이 김 선생이 강단으로 올라가서는 성도들에게 하소연을 하였다. 자기는 원하지 않는데 내가 일방적으로 그만두게 한다고 자기 변명과 함께 나를 성토하는 것이었다. 교인들이 웅성거리며 분위기가 이상해졌다.

'아, 이러다가 성도들이 다 흩어질 수도 있겠구나.'

마음속에 위기감이 들었다. 나는 갈등하면서 속으로 생각했다.

　　'그래, 내가 성도들 모인 곳에 청빙 받고 온 입장이 아니지 않는가. 사람이 없으면 다시 전도하면 된다. 그리고 저 성도들은 어디에 가서든 또 다른 분에게 말씀을 듣고 교회 생활하면 되겠지.'

　　나는 이렇게 마음을 정하고는 김 선생의 말에 아무 반응도 보이지 않았다. 시간이 지나 모든 성도들이 다 가고 김 선생하고 둘만 남았다. 참 썰렁한 자리였다. 나는 다시 간곡하게 김 선생에게 말했다.

　　"김 선생님, 우리는 좁은 도시에서 오랫동안 같이 살아야 할 사이입니다. 이것도 인연인데 좋은 사이로 계속 같이 잘 지내기 위해서 내가 선생님에게 권면한 것입니다. 그러니 지금은 내가 선생님을 고철 사장님에게로 소개해서 교회를 그만두게 하는 것이 섭섭하게 생각되어도 용서하세요."

　　김 선생은 내 말을 들은 체도 안 했다. 마지막에는 나에게 입에 담지 못할 악담을 던지고는 씩씩거리며 집으로 가버렸다. 안타깝게도 김 선생과의 인연은 그렇게 안 좋은 분위기로 끝이 나고 말았다.

　　김 선생은 자신이 교회 정치나 경제권, 행정권을 모두 가지고 있으니 우리 교회를 자기가 다 접수했다고 생각한 모양이었다. 목사 위에 군림하는 마음이 되어 있었다. 그러다가 내가 교회를 그만두게 하자 당황하고 불쾌했던 것 같다. 그러나 교회 일은 어디에서나 의무가 있을 뿐이지 권리는 하나님께 있다. 교회 직분을 받아 의무를 감당하지 않고 권리만 행사하면 교회는 시끄러워지게 마련이다. 지금도 나는 이 생각에 변함이 없다. 주저 없이 김 선생을 떠나보내긴 했지만, 막상 그 분이 나가고 나자 불안했다.

'김 선생 없이 내가 어떻게 일을 하지?'

평생 남편만 의지하던 부인이 졸지에 남편을 잃고 막막해하는 심정이 이럴까 싶었다. 그만큼 많은 부분을 김 선생에게 의존해 왔던 것이다. 아무 일도 못할 것 같은 무력감이 나를 엄습해 왔다. 하지만 이 중요한 시기에 방향 감각을 잃으면 내 선교사역에 평생을 시달릴 것이라는 생각에 마음을 굳게 다졌다. 어떻게든 혼자 극복해야만 했다.

'그래 넌 잘 할 수 있어. 걱정하지 마. 모세와 함께 하셨고 여호수아와 함께 하셨던 하나님이 너와 함께 하실 거야.'

어려울 때마다 늘 묵상하던 여호수아서 1장 5절에서 9절 말씀을 암송하며 마음을 달랬다.

"네 평생에 너를 능히 대적할 자가 없으리니 내가 모세와 함께 있었던 것 같이 너와 함께 있을 것임이니라. 내가 너를 떠나지 아니하며 버리지 아니하리니 강하고 담대하라. 너는 내가 그들의 조상에게 맹세하여 그들에게 주리라 한 땅을 이 백성에게 차지하게 하리라.

오직 강하고 극히 담대하여 나의 종 모세가 네게 명령한 그 율법을 다 지켜 행하고 우로나 좌로나 치우치지 말라. 그리하면 어디로 가든지 형통하리니 이 율법책을 네 입에서 떠나지 말게 하며 주야로 그것을 묵상하여 그 안에 기록된 대로 다 지켜 행하라. 그리하면 네 길이 평탄하게 될 것이며 네가 형통하리라.

　　내가 네게 명령한 것이 아니냐. 강하고 담대하라. 두려워하지 말며 놀라지 말라. 네가 어디로 가든지 네 하나님 여호와가 너와 함께 하느니라 하시니라."

12
최초의 단독 설교

김 선생이 떠나자 가장 급한 것이 설교였다. 고려인들과 예배드릴 때 말고는 한 번도 나 혼자 설교를 해 본 적이 없었다.

다른 통역자를 구해 볼까 생각했으나 나중에 또 김 선생처럼 변하지 않는다는 보장이 없었다. 무엇보다, 언제까지 통역자와 함께 설교할 수는 없었다. 나는 이번 기회에 단독 설교의 틀을 잡아야겠다고 굳게 마음을 먹었다. 솔직히 각오라기보다는 오기에 가까운 무모한 도전이었다. 그러나 '당나귀의 입을 통해서도 하나님이 사람의 마음을 감동시키셨다면 나야 당나귀보다는 낫지 않는가?'라는 생각이 들자 용기가 생겼다.

먼저 김 선생과 할 때처럼 한국어로 1번부터 설교 끝 번호까지 문

긴장된 모습으로 시작되는 설교

장을 만들었다. 내가 통역을 통해서 설교를 할 때는 120문장이 나왔다. 그 문장으로 서론과 본론과 결론을 내야 했다. 러시아어 공부를 충분히 하지 못하고 미션 필드에 바로 뛰어든 나로서는 이 설교 준비하는 시간이 러시아어 공부하는 시간이 된 것이다.

문장과 발음에 대해서는 조 나제즈다 시묘노브나라는 분에게 도움을 받았다. 이분은 중앙아시아 비시케크에서 방송국 국장으로 일하셨던 분이다. 조 선생은 주일에는 미국에서 오신 목사님 통역을 도왔고 평일에는 내 러시아 설교 문장을 다듬어 주셨다.

일주일을 준비한 러시아어를 열심히 읽고 준비하여 주일을 맞이

하였다. 지난주에 김 선생이 그만두며 한바탕 교회가 시끄러웠으므로 사람들이 많이 나오지 않을 것 같았다. 몇 명이 나오든 이제부터는 홀로서기로 강단을 지킬 생각이었기에 숫자는 문제가 아니었다. 내가 얼마만큼 자신 있게 설교를 하느냐가 문제였다.

드디어 예배시간이 되었다. 그 어느 예배보다 긴장되었다. 나는 일주일 내내 준비한 설교와 예배 초청과 인사말 등 예배 순서에 필요한 일체의 내용을 메모해서 강단으로 올라갔다.

앞에 모인 성도들을 보았다. 뜻밖에도 지난주 보다 더 많아 보였다. 반가운 마음이 들어야 하는데 현기증이 나는 듯했다. 망신을 당해도 사람이 적은 데서 당하는 것이 나을 것이라는 생각 때문이었다. 나는 긴장을 풀기 위해 일부러 환히 웃어 보았다. 그리고 사람들에게 첫말을 꺼냈다.

"오늘은 김 선생님이 없어서 제가 혼자 이 예배를 인도하겠습니다."

수없이 연습한 문장이지만 이 짧은 말조차 제대로 말하고 있는 것인지도 알 수 없었다. 그 다음에는 찬송을 여러 곡 불렀다. 찬송을 하면서도 속으로 계속 기도했다.

"하나님! 가사에 은혜받게 하시고 괜히 교회 왔다는 마음이 들지 않도록 하나님이 한 사람 한 사람을 피 묻은 주님의 손으로 만져 주세요."

드디어 성가대 찬송이 끝나가는 순간이 오자 숨이 턱턱 막혀 왔다.

'저 곡이 끝나는 순간 내가 나가야 하는구나……'

강단에 나가서 본문 성경을 읽고 설교를 시작해야 한다. 그런데 내 안에서는 여전히 두 마음이 싸우고 있었다.

'회중석에 앉아 있는 사람들 중에 한국어 아는 분을 위로 오라고 할까? 아니야, 나 혼자서 해내야 돼.'

이 자리에서 다시 통역자를 세우면 나는 영원히 러시아어로 설교하지 못할 것이라는 생각이 들었다. '혼자 하자!' 나는 조용히 심호흡을 하면서 사람들을 하나하나 바라보았다. 그리고 준비한 설교문을 천천히 읽기 시작했다.

설교문에는 어디에서 올리고, 어디에서 내리고, 어디에서 쉬어야 하는지 문장 하나마다 일일이 표시되어 있었다. 최대한 자연스럽게 설교하기 위해서였다. 그러나 내 눈에는 표시는 하나도 안 들어오고 남은 문장이 얼마나 되는지만 신경이 쓰였다. 설교가 아니라 벌을 서고 있는 것만 같았다. 내 속에서는 끊임없이 '정말 이렇게 설교를 해야 하나?' 하는 회의감이 들었다.

겨우 설교를 마쳤다. 시간은 30분도 안 되었지만 몇 시간이 지난 기분이었다. 내가 설교를 하는 동안 신도들의 표정은 진지했다. 그러나 내 말을 얼마나 알아들었는지는 모를 일이다. 신도들에게 직접 물어보고 싶었지만 겁이 나 물어볼 수가 없었다. 그러나 계속 피할 일이 아니어서 그 다음 주 예배를 보고 나서는 신도 몇 분에게 물어보았다.

"내 설교를 알아들었나요?"

할머니는 그저 웃기만 했다. 나이 든 분이어서 못 알아듣나 하는 생각이 들어 다음엔 젊은 사람에게 물었다.

"내 설교 알아듣겠니?"

"아니요. 무슨 말인지 통 모르겠어요."

충격이었다. 그렇게 열심히 준비하고 거의 필사적인 마음으로 설교했는데 한 마디도 못 알아들었다니…….

"아니, 그럼 교회는 왜 나오냐?"

"이렇게 예배드리고 가면 한 주간이 기다려져요. 다음 주에는 목사님이 어떻게 설교하시고 러시아가 얼마나 늘었나 하구요."

반가워해야 할지 서글퍼해야 할지 모르는 기분이었다.

어떤 분은 이렇게 말하기도 했다. 설교 중에서 '하나님', '사랑'이런 단어들만 띄엄띄엄 들리는데, 그러면 "아, 목사님이 지금 이 단어를 사용하는 것을 보니 이 말을 하려고 하는가 보다…." 하면서 내용을 짐작해 듣는다는 것이다. 결국 자기가 설교를 만들어서 듣는다는 이야기였다.

나는 아무도 못 알아듣는 말을 땀 뻘뻘 흘리며 하고 있고, 신도들은 자기들 스스로 설교 내용을 만들어서 듣고, 정말이지 코미디였다. 그래도 생각해 보면 얼마나 아름다운 코미디인가. 지금도 생각해 보면 어이가 없으면서도 무엇인가 가슴속 깊은 곳에서 뭉클해온다.

13

"제가 교회 건축을 돕겠습니다."

설교는 그렇게 매주 어렵게나마 한 주 한 주 넘어가며 강단을 지킬 수 있었지만 교회 건축 문제는 여전히 진척이 더디기만 했다.

그래서 어느 주일에는 성도들을 상대로 광고를 했다.

"혹시 평소에 건축 일을 해 봤던 분이 있으면 교회 건축 현장에 목사님을 좀 도와주세요."

큰 기대는 안 했었는데 예배 후에 한 고려인 성도가 나를 찾아왔다. 그런데 무슨 사연인지 얼굴이 눈물범벅이었다. 사연을 들어보니 이랬다.

찾아 온 성도는 안나 야꼬블레브나라는 여성으로 딸이 둘 있었다. 그런데 첫째 딸이 얼마 전에 죽었다는 것이다. 고등학교를 최우수 성적으로 졸업하고 전학년 장학금으로 대학 진학을 확정 받은 순간 이 아이가 자꾸 머리가 아프다는 말에 병원을 갔다. 대수롭지 않게 생각하고 입원하여 치료를 받던 중에 아이가 우리 교회로 자기를 데려다 달라고 졸랐다는 것이다.

당시에는 내가 지방 신문에 매주 토요일마다 설교문을 싣고 있었다. 병원에서 신문에 실린 내 설교문을 읽고 감동을 받은 딸은 부모에게 몇 번이고 교회로 자기를 데려다 달라고 졸랐다는 것이다. 그때마다 부모들은 "따냐야, 지금 교회가 문제니? 빨리 회복해서 학교 가야지." 하며 무시했다는 것이다. 딸은 병상에서 몇 주를 고생하다가 정확한 병명도 모른 체 지난주에 하늘나라로 갔다고 했다. 그리고 어머니는 딸이 죽고 나서야 딸이 그토록 데려다 달라고 했던 교회를 나왔던 것이다. 그런데 그분이 교회에 출석한 첫 날 내가 회중 가운데 건축 전문가가 있느냐는 광고를 했고, 마침 평생을 건축 현장에서 일해 온 따냐의 어머니가 이 광고를 듣고 나에게 찾아 온 것이다.

"목사님, 내 딸이 살았다면 교회를 위해서 일할 것과 그리고 내 일할 몫까지 두 배 하겠습니다. 무엇을 도와 드려야 합니까?"

순간 자원해 주어서 고마운 분이기는 하지만 그분의 말을 듣는 순간 '내가 이렇게 가슴 아픈 사연이 있는 분의 도움을 받아도 되나?' 하는 갈등도 생겼다. 반면 이런 생각도 들었다.

'진정으로 이분을 치료하는 길은 이분에게 교회 일을 드려서 딸을 위하고 자신을 위하여 일을 하도록 길을 열어 드리는 것이다. 그것이 이 분의 상처를 씻는 내적 치료일 것이다.'

하나님이 안나 성도를 나에게 보냈다는 생각이 들었다. 그 날 이후로 우리는 자재 주문부터 현장의 중국 인부들과 하는 일 등 건축에 관련된 모든 일을 상의하며 일을 진행했다. 건축현장에서 잔뼈가 굵은 사람인데다 자기 일처럼 성심성의껏 도와주어 모든 일들이 너무나 순탄했다. 그녀는 심지어 어디에 가서 자재를 사야 더 싸게 사는지 등 평생을 건축에 관여해 온 사람답게 모든 정보를 자기 손안에 쥐고 있었다.

살다 보면, 그리고 사역을 하다 보면, 무슨 일을 하다가 길이 없다고 답답해 할 때가 많다. 그럴 때 우리는 돌아가거나 길을 만들어서 뚫고 가거나 선택을 해야 한다. 당시 나에게는 통역 등 여러 일을 도와주던 김 선생이 나가면서 막막한 상황이었다. 없는 길은 만들어야 했고, 막힌 길은 돌아가야 했고, 안 되는 일도 되도록 만들어야 하는 상황이었다. 그런데 안나 성도로 해서 많은 일들이 수월하게 풀려갔다.

그러나 서류를 접수시키거나 관청에 드나들 때는 오히려 안나 성도의 도움을 받지 않고 나 혼자서 갈 때가 많았다.

"러시아는 종이로 일하는 나라"라는 말을 현지 사람들도 하곤 한다. 그만큼 허가를 받는 일이 복잡하고 모든 일이 서류로 이루어진다.

심지어 우리가 개척한 시골의 작은 교회를 지은 에직 전도사도 본인이 러시아인이지만 허가 받는 일이 너무 복잡해 변호사에게 모든 일을 위임하는 것을 보았다. 그런데 말도 충분하지 않고 현지 사정도 어두웠던 내가 이런저런 허가를 받을 때마다 매번 혼자서 뛰어 다녔던 것은 그야말로 무지가 용기였다고 할 수 있다.

관청 일에 안나 성도의 도움을 받지 않은 것은 러시아식 행정처리가 너무 힘들어서였다. 안나 성도가 동행하면 그게 비록 교회 일이라도 관청에서는 러시아식으로 상대했다. 예를 들면 제출한 서류에 문장 하나만 틀려도 트집을 잡으며 다시 만들어 오라 했고, 책임자를 만나려면 비서실에서 몇 시간이고 기다려야만 했다.

여러 번이나 그런 일을 겪고 난 다음부터 나는 어느 기관에 책임자를 만나려면 먼저 전화를 드렸다. 비서에게 미리 이야기해서 내가 들어가면 책임자에게 안내해 달라고 요청했다. 아니면 책임자에게 직접 전화를 걸기도 했다.

예를 들면, 전화 국장에게 내가 간다고 하자.

"국장님, 저는 한국에서 온 박광배 목사입니다. 민원 접수를 오후 3시부터 받지요. 그리고 오늘이 민원 접수하는 날 맞지요? 내가 그 시간에 갈 테니까 좀 기다려 주세요."

그렇게 하고 전화국에 가면 3시부터 민원 접수가 되는데 사람들은 아침부터 장사진을 이루고 있다. 나는 미리 전화를 했으므로 당당하게 그 무리들을 헤집고 무조건 담당자 사무실로 들어간다.

"안녕하세요? 아침에 전화를 드렸던 박광배입니다."

이렇게 사무실까지 진입하기까지는 밖에서 대기하던 사람들의 공격이 대단하다.

"뭐야! 이렇게 질서도 없이 어딜 가는 거야?"

그러면 나는 떳떳하게 말한다.

"지금 국장님이 급히 나를 찾습니다. 길 좀 열어 주세요."

내가 일방적으로 전화 한 통 넣었을 뿐이건만 나는 약속이 되어 있다고 당당하게 말해 버렸다. 그러면 홍해가 열리듯 사람들이 좌우로 비켜 주며 길이 열렸다. 비서 역시 내가 워낙 당당하게 나가자 곧바로 책임자에게 안내하고는 했다.

그렇게 해서 책임자를 만나면 그 다음부터는 더 황당하게 나갔다. 책임자 방에 들어가서는 내가 찾아온 이유를 설명하고 책임자의 반응을 기다린다. 앞에 말했듯이 러시아에서는 무슨 일이든지 서류로 신청하고 답을 얻어야 한다. 그래서 책임자의 말은 한결같다.

"요청서를 써 오세요."

이 한 마디뿐이다. 그 말을 듣고 서류를 작성해 가면 "이것은 정식 양식이 아니다. 고쳐서 다시 가지고 와라." 하는 말을 들으며 수없이 퇴짜 맞기가 일쑤이다. 그래서 나는 아예 책임자 방에서 무조건 버티며 말한다.

"국장님, 내가 양식에 제대로 맞춰 쓸 수 없는 것 아시지요? 그러니 어떻게 써야 정확한 양식이 되는지 직접 써 주세요. 내가 거기에 신청자로 서명만 하면 되지 않습니까?"

　관청 책임자에게 직접 서류를 작성하게 하고 나는 서명만 하겠다니……, 당연히 황당한 일이다. 떼를 쓰는 것이나 마찬가지이다. 그런데 당시에는 이런 일이 통했다. 아무래도 외국인이라는 점과 목사라는 위치가 덕을 보았을 것이다. 나로서는 이렇게 무식하고 저돌적으로 밀어 붙이지 않으면 그 복잡한 서류 관계의 일을 도저히 혼자 해낼 수 없었다.

　이렇게 하다 보니 차츰 기관장들과 벽이 없어지고 허물없는 사이로 발전하였다. 친구 비슷한 관계가 되어 갔던 것이다. 지금도 러시아 기관에서는 결재받는 요일과 시간이 엄격히 제한되어 있다. 그러나 우리 도시의 시장이나 어떤 기관도 나에게는 결재받는 요일과 시간이 제한되어 있지 않다. 내가 가는 시간이 면담 시간이고 내가 가는 날이 허락받는 요일이다.

　지금 생각하면 나의 어디에서 그런 담력이 나왔을까 싶다. 성령님께서 바울의 삶을 통해 나에게 지혜를 주셨다고 생각한다. 바울은 당대 최고 통치권자나 권력이 있는 그 누구에게도 그리스도인이기 때문에 비굴해 본 적이 없지 않았던가. 주의 일을 할 때에는 당당하고 대범할 필요가 있다고 생각한다.

14
천 목수와 중국 인부들

중국 인부들을 총 관리하는 현장 책임자로 천 목수를 선임했었다. 물론 러시아 감독으로는 로만이 책임을 지고 있었지만 그 친구는 거의 감리만 했고 현장 작업은 천 목수를 통해 이루어졌다.

나를 처음 만났을 때 천 목수는 일을 받아내기 위해 자기도 중국에서는 교회에 출석했고, 부인도 성가대에서 찬양하는 믿는 가정이라고 소개를 했다. 그러나 러시아에 와서 2주쯤 지나자 자기 성격이 나왔다. 알코올 중독자였다. 얼마나 술을 마시는지 매일 저녁 술에 안 취해 있을 때가 없었다. 아무리 이야기해도 막무가내였다.

어렵게 중국에서 러시아까지 사람을 데려다 놓고 술 때문에 그냥 보낼 수도 없고 참 암담했다. 다행인 것은 작업하는 시간만큼은 본인도 최선을 다해서 작업에 지장이 없도록 했기에 나도 달리 할 말이 없었다. 근무 이후 시간은 본인의 자유시간이 아닌가?

그런데 평소에 이 친구의 말이 조금 험했다. 한번은 블라디보스톡에서 일하던 자기 고향 친구들이 한국 사람의 일을 맡아 했는데 인건비를 못 받은 일이 있었는지 내가 숙소에 가니까 그 이야기를 시작하는 것이다. 그리고 나에게도 다짐을 받자고 질문을 해왔다.

"목사님, 우리는 일해도 인건비를 못 받거나 그럴 일은 없겠지요?"

"아 그럼요, 일 하는 대로 정산해 드려야지요."

"아니, 그런데 블라디보스톡에서 일하는 한국 사람들은 왜 우리 중국사람들에게 일을 시키고 인건비를 안 줍니까? 이런 새끼들은 배때기를 칼로 찔러서 확 그어야 됩니다."

"하이고 천 선생, 천 선생과 일하려면 돈이 많거나 배에 철판 깔고 해야겠습니다."

말은 이렇게 편하게 받아 넘겼으나 지금도 오금이 저려오는 욕설이었다. 천 목수는 우리 교회를 건축하다가 중간에 일을 다 못하고 중국으로 들어갔었다. 그러나 나는 다시는 초청하지 않았다.

그리고 몇 년이 지나 누가 나에게 천 목수 가정의 일을 전해 주었다. 천 목수의 아들이 다른 아이들하고 싸우다가 배에 칼을 맞고 죽었다고 했다. 아들은 겨우 22살이라고 했다.

이때 가장 먼저 생각되는 것이 '아…, 아버지들 말조심해야겠구나.' 하는 것이었다. 자기가 받아야 할 벌을 자식이 받는다는 생각이 들었다.

성경에 바로 그런 일이 있다. 바로가 잘못하였는데 장자가 죽었다. 동시대에 모든 애굽의 장자들이 다 죽었다. 한 사람의 잘못으로 일어난 어처구니없게 슬픈 사건이었다.

당시 중국 인부들은 하루 근무가 끝나면 자기들끼리 마작을 했다. 한번은 마작을 하다가 자기들끼리 속임수가 있었는지 밤에 칼부림이 났었다. 속였던 사람이 상대방에게 칼로 목 동맥이 찔려서 병원에 갔다는 것이다.

아찔했다. 어쩌다가 할 일도 많은데 이런 불상사만 계속된단 말인가? 병원에 가보니 칼에 찔린 사람은 조적공 아저씨였다. 다행히 당직 의사가 외과 의사였다. 만약에 내과 의사가 당직이어서 즉시 조치를 취하지 못했다면 죽은 목숨이었다고 했다. 모든 것이 주의 도우심이었다.

이 일꾼은 일주일간 위기를 넘기고 다시 중국으로 출국시킨 것으로 마무리되었지만 그 이후에도 중국 인부들 문제는 계속되었다.

교회 건축 현장에 있으면 가끔 러시아 아주머니들이 나에게 자기 개 내놓으라고 소리 소리 지를 때도 있었다.

"아니? 내가 언제 당신 개를 데리고 왔다고 개를 내놓으라는 겁니까?"

"당신이 데리고 일하는 중국 사람들이 우리 개를 삶아 먹은 거 몰라요?"

황당했다. 그래서 천 목수를 데려다가 물어 보았다.

"천 선생, 개 잡아 먹은 일이 있습니까?"

"개를 먹기야 했지만 누구네 것인지는 난 모르지요. 아랫집 사샤가 보드카 한 병 주면 어디서 개를 데리고 와서는 주인이 없는 개라고 해서 잡아먹었습니다."

술주정뱅이끼리 통했는지 개 사건은 이들 중국인 인부들이 집으로 갈 때까지 계속되었다.

15
담석 수술

앞에서도 말했지만 교회 건축에 오래 매달리면서 식사만 하면 계속 소화가 안 되었다. 특히 밤이면 잠을 잘 수 없을 만큼 고통스러웠다. 처음에는 위장에 염증이 있나 하고 가볍게 생각했는데 차츰 통증이 심해졌다.

밤에 잘 때면 베개를 배에 대고 엎드려야 겨우 고통을 견딜 수 있었다. 이렇게 엎드리면 하나님께 기도하는 자세가 나온다. 낮에 건축 현장에서 있었던 복잡했던 일들이 기도가 되기도 하고, 그밖에 여러 불확실한 일들에 대하여 기도를 하곤 했다. 그리고 무엇보다, 제발 배 좀 낫게 해 달라고, 십자가에서 고통당하신 예수님을 생각하며 잘 견디게 해 달라고 기도했다.

정기 검진에서도 의사는 위염이 있으니 약을 복용하라고 했다. 그러니 개인적으로는 위염이라고 확신했었다. 그런데 위염 약을 아무리 복용해도 배의 통증이 멈추지를 않았다.

어느 날 아침, 밤에 혼자서 베개와 실랑이를 벌이며 고통을 견디다가 그 다음 날 가족들에게 이야기도 하지 않고 병원 내과를 찾아갔다. 의사는 증세에 대한 이야기를 듣더니 초음파 검사를 한번 해 보자고 했다.

결과는 위염이 아니라 담석이라고 했다. 그것도 한 개가 아니라 다섯 개나 된다고 하는데 난 도무지 뭐가 어떻게 된 것인지 알 수가 없었다. 의사가 조언을 했다.

"일단 한국에 아는 의사 선생님이 계시면 빠른 시간에 한국으로 가서 수술을 받으세요. 담낭이 간 옆에 있어서 수술 중에 부주의로 간을 건드리면 더 큰 사고가 나니까 한국으로 가세요."

나는 병원에서 돌아오는 길에 바로 비행기 표를 사서 다음날 한국으로 출발했다. 출발 전에 소련선교회 이일남 장로님에게 전화를 드렸다.

"한양대 병원 원목실로 연락해서 입원실 좀 알아봐 주세요. 내일 급히 한국으르 들어가서 담석증 수술을 받아야 합니다."

한양대 병원에 도착하니 전화를 받았다며 병원 원목실에서 나를 개인 병실로 안내하였다.

수술 날짜를 받아 놓고 초조하게 기다리는데 담당 의사 선생님이 찾아 오셨다.

"목사님, 수술을 받으시려면 전신마취를 해야 합니다. 그런데 전신마취를 하시기 전에 나에게 고해성사할 일이 있으면 고백하세요. 환자들은 꼭 전신마취에서 깨어날 때 자기가 사랑하는 사람의 이름을 부르더라구요."

엉뚱한 이름이 나올 것 같으면 미리 자백하라는 농담조의 말이었다.

"난 러시아에서 살았으니 러시아 이름이 나올까요? 가족 이름이 나올까요? 그럼 일단 마취해서 깨어난 다음에 봅시다."

수술을 받으려고 마취를 하는데 나도 모르게 졸리면서 의식이 조금씩 사라지기 시작하더니 그 다음부터는 기억에 없었다. 깨어날 즈음에 간호사가 방에 누군가와 이야기를 나누는 소리가 희미하게 들리는 것이 전부였다.

얼마나 시간이 지났을까, 의식이 완전히 돌아와 내 몸을 보니 수술했던 배는 붕대로 감겨져 있었고 진통이 조금 있기는 했으나 견딜 만했다. 무엇보다 지난 몇 달간 밤에 배를 끌어안으며 고통을 참았던 것을 생각하니 이 정도 수술 후유증은 얼마든지 견딜 수 있었다.

얼마 후에 수술을 집도하였던 의사가 병에 무엇인가를 들고 병실로 들어오셨다.

"목사님, 기념입니다. 집으로 가져가세요. 목사님 괴롭히던 담석입니다."

　돌은 모두 5개였는데, 콩보다도 작은 크기였다. 그런데 의사는 담석치고는 엄청 큰 것이라고 했다. 이 돌들이 담낭에 오랫동안 자리를 잡고 염증을 만들면서 음식이 들어가면 담낭에서 소화를 돕기 위하여 담즙을 보낼 때 이 돌이 같이 움직여 염증을 건드리면서 통증이 심했다는 것이다.

　그때야 비로소 왜 식사 후에 그런 통증이 왔는지 이해가 되었다. 의사는 기념으로 가져가라고 했지만 나는 그 담석을 미련 없이 쓰레기통에 버렸다. 워낙 고통이 심했던 터라 담석만 보아도 겁이 났다. 장난기 많은 의사가 끝까지 장난을 쳤다.

　"목사님, 마취에서 깨어나실 때 누구 부른 줄 알아요?"

　"뭐라고 했는데요?"

　"사랑하는 사람 이름을 부르라고 했더니 '아이고 주님, 아이고 주님'만 계속 하십디다."

　그렇게 수술을 마친 다음날 유병우 목사님이 찾아 오셨다.

　"목사님, 걱정 마시고 잘 회복해서 가세요. 치료비는 우리 명지대학교회에서 대납했습니다."

　괜한 일로 여러분들을 귀찮게 해 드린 것 같아 미안했다. 그래도 바쁜 시간을 내서 병실을 찾아 주신 광주반석교회 최종원 목사님과 성도님들, 서울 남교회 김영휘 목사님과 성도님들, 대전 주아내교회 남정

웅 목사님과 성도님들, 동일로교회 김오용 목사님과 성도님들에게 감사를 드린다.

병실을 찾으신 유병우 목사님이 간호실에 무슨 말씀을 남기셨는지 유 목사님이 다녀가신 다음에 간호과장이 직접 내 병실을 담당하시면서 VIP 대접을 해 주었다.

나는 이상해서 간호과장에게 직접 물어보았다.

"무슨 일이 있었어요? 갑자기 왜 이러세요?"

안 받던 대접에 여간 불편하지가 않았다.

"총장실에서 극진히 잘 보살펴 드리고 중간 중간에 보고를 하라고 해서 그렇습니다. 목사님, 김종량 총장님하고 친척이세요?"

"얼굴도 모르고 만난 적도 없습니다. 하지만 총장님도 하나님을 믿고 나도 하나님을 믿으니 친척은 친척이겠네요."

알고 보니 유병우 목사님의 형님으로 지금 명지대학교 총장이신 유병진 박사님과 한양대 총장이신 김종량 박사님과는 절친한 친구라서 병원에 내 이야기를 해 놓았다고 했다.

그때 많은 분들에게 폐를 끼친 것 같아 지금도 여간 미안하지 않다. 건강한 육신을 가지고 건강하게 열심히 선교하는 일만이 저들에게 보답하는 것이라 생각한다.

많은 분들에게 조건 없는 사랑을 받았기에 다시 또 다른 사람들에게 그 조건 없는 사랑을 베풀면서 살아가리라 다짐해 본다.

16
연해주 신학교 탄생

1995년 나호드까에서 김영곤 목사님이 먼저 교회를 건축하고 입당을 하게 되었다.

당시 연해주에는 나를 비롯하여 미국에서 오신 김성필 목사님과 김영곤 목사 세 분이 사역을 했다. 어느 날 나는 우리가 이렇게 사역만 할 것이 아니라 제자들을 키우자고 제안을 했다.

모두 동의를 했다. 월요일, 화요일, 목요일로 해서 일주일에 한 사람이 하루씩 강의를 하는 것으로 했다. 장소는 이미 건축을 마친 김영곤 목사님 교회 1층에서부터 시작했다. 하루 일과를 마치고 저녁 시간에 시작했는데 지원자가 20명은 넘었다. 시작이 참 좋았다.

그렇게 1년을 하는 가운데 이 소문이 블라디보스톡까지 가 그곳에서 사역하는 다른 선교사님들도 참여하고 싶어 했다. 그렇게 하라고 했다. 그러면 저녁 시간을 대신 낮 시간으로 옮기고 한 사람이 월요일부터 강의를 시작하여 금요일에 마치기로 했다. 강사가 학생들과 합숙을 하면서 집중으로 강의하여 일주일에 한 과목씩 마치는 프로그램이었다.

연해주 신학교에서 조직신학 강의 중에 학생들과 함께

이렇게 강의가 확대되고 세월이 가면서 우리는 정식으로 신학교 등록을 하기로 했다. 신학교로 등록이 되려면 법무부에 등록된 3개 이상의 교회가 조직된 총회가 있어야 한다. 이 총회의 산하 기관으로 정관에 의하여 성직자 배출을 위한 교육기관을 가질 수 있는 것이다. 우리는 이런 과정을 거쳐 정식으로 연해주 신학교를 만들었다. 등록이 쉽지는 않았다. 등록 과정에서 우리가 모르는 많은 부분을 변호사를 통하여 도움을 받아야 했다.

그리고 당시 새문안교회에서 파송 받은 정균오 선교사에게는 교회 개척은 하지 말고 신학교 일에만 전념하도록 권면했다. 정균오 선교사도 동의하여 교회에 보고를 하여서 허락을 받았다.

그런데 나호드까에서 공부하려면 블라디보스톡 권에서 일하는 선교사들은 매번 강의가 있을 때면 나호드까로 와야 하는 어려움이 있었다. 서서히 강의하는 선교사들 사이에서 신학교를 블라디보스톡으로 옮기는 방안이 이야기되기 시작했다.

그래서 1996년과 1997년 동안 정균오 목사와 블라디보스톡 주변에 신학교로 사용할 만한 건물을 물색하기 시작했다. 그 시점에 마침 내가 한국에 다녀올 일이 있어 지금은 고인이 되신 새문안교회 김동익 목사님을 뵙고 신학교 건물을 사기 위한 건축비 지원을 부탁하기로 했다.

김동익 목사님 내외분과의 면담은 교회 주변 식당에서 이루어졌다. 그때 TV에서나 보았던 황산성 사모님이 같이 오셨다.

식당에서 종업원이 좀 늦자 사모님이 직접 컵에 물을 떠다가 식탁에 갖다 놓으셨다. 그러자 이야기에 열중하고 있던 목사님께서 버럭 화를 내셨다.

"여보! 여기 가만히 앉아 있으세요. 왔다 갔다 하니까 혼란스럽잖아요."

"아니, 난 대접하려고 그러지요."

"그래도 가만히 있어요."

사모님은 아무 말씀을 하지 않으셨다. 목사님 한 마디에 옆에서 가만히 계시는 모습에 내가 놀랐다. 천하에 황산성 사모님이 김동익 목사님 앞에 순종하는 모습이 너무 인상적이었다.

총회에서 선교부 부장직을 맡으신 김목사님께서는 새문안교회가 신학교의 후원교회가 되는 일에는 동의하셨다. 나는 그 자리에서 선교사님들의 뜻도 전해 드렸다. 선교사님들의 뜻은 신학교 건물은 지원해 주시되 교회가 법적인 권리를 주장하지는 않는 것이었다.

김동익 목사님 역시 이 부분은 동의하셨다. 그러면서 본인이 사역하는 새문안교회도 선교사님들이 개척하신 교회지만 지금은 한국 교회 당회 중심으로 운영되지 미국 선교부가 관계하지 않는 것을 부언으로 설명하셨다. 러시아 신학교도 그렇게 되어야 된다고 새삼 강조하셨다.

그러나 내가 가지고 갔던 설계도 설명이 목사님 질문에 막히기 시작하자 목사님이 말씀하셨다.

"박 선교사님, 새문안교회 당회 앞에 이렇게 부실한 자료로 내가 이야기를 시작하지 못합니다. 그러니 더 자세한 자료를 준비해서 다시 보고하여 주십시오."

부족함을 인정하고 나도 그 자리에서 보고를 마치고 다음으로 미루었다. 그만큼 김동익 목사님은 당회 중심적이었고 본인의 뜻만으로 결코 가볍게 약속하지 않으시는 분으로 내 기억에 남아 있다. 그렇게 한국 교회를 위하여 더 많은 일을 하시고 세계 선교를 위하여 더 많은 일을 하셔야 할 목사님이 일찍 우리 곁을 떠난 것은 참으로 안타까운 일이다.

　　짧은 시간이지만 가까이서 목사님에게 저녁을 대접받은 그때 기억이 지금도 새롭고, 옆에서 목사님 한 마디에 순종하시던 황산성 사모님 모습도 그리워진다.

17

장로교 목사가 오순절교단 목사가 된 사연

러시아에 들어온 지 8년째 되던 1998년도에 러시아 시민권을 받을 수 있다면 어떻게 해서라도 받아야겠다는 결심을 하게 만든 사건이 있었다.

당시 나는 제일 먼저 연해주에 왔지만 선교사 연합회에서 계속 회장으로 추대되지 못하고 있다가 1997년부터 종교법이 시행된다는 불길한 소문이 시작되면서 다음해 1998년도에 연해주 선교사 협의회 회장으로 추대되어 있었다.

당시의 새 종교법에 의하면 러시아에서 15년이 되지 않은 선교 단체는 러시아 영토 내에서 종교 활동을 할 수 없었다. 그렇게 되면 지난 8년간 피땀을 흘려 일구어 놓은 선교지를 두고 떠나야만 하는 것이다.

그래서 선교사들과 의논 끝에 결정한 일이 일단 침례교단으로 들어가자는 것이었다.

러시아는 개신교 중에서 침례교가 가장 먼저 정착해 있었다. 러시아정교회가 이 나라의 국교나 다름없는 나라에서 이렇게 개신교가 일찍이 자리를 잡은 것은 독일과 유럽권에서 선교가 되었기 때문이다. 2차세계대전이 끝나고 패망한 독일인들이 자국으로 돌아가지 못하고 러시아에 남은 사람들로 해서 복음은 더욱 활발해졌다. 오순절은 방언문제로 침례교에서 분열된 한 교단인데, 러시아 전역에 오순절과 침례교 양대 교단이 공산주의 시절에도 비밀 집회를 통하여 신앙을 지켜왔다. 내가 러시아에 입국한 초기에 찾아가 함께 예배를 드렸던 지하교회가 바로 침례교단 교회였다.

때문에 침례교단은 새로운 종교법이 시행되어도 아무 문제가 없었다. 그리고 현지 침례교 교단이 받아 주면 우리는 형식상 침례교단에 소속된 선교사가 되어 종교법을 피해갈 수 있었다.

나는 선교사들과 의논한 후에 연해주의 시찰회 회장격인 우수리스크에서 사역하는 게나지 목사님을 찾아가 우리의 어려움을 이야기하였다. 다행이 그 분은 그 자리에서 흔쾌히 허락해 주었다. 그러나 노회가 열리는 하바로프스크에서 이 문제를 어떻게 받아 줄지 모르므로 함께 노회 참석을 하자고 권면했다.

우리는 마다할 입장이 아니었다. 노회가 열리는 하바로프스크로 가서 지금 우리 선교사들이 처한 어려움을 호소하였더니 노회장 아브라함모브 목사님과 노회원들도 우리를 받아 주겠다고 했다. 그러나 모스크바 총회가 또 남아 있었다. 그래서 우리는 모스크바 총회까지 참석하게 되었다.

1998년 10월 쌀쌀한 바람이 부는 모스크바에 도착했을 때는 모든 것이 순탄하게만 생각되었다. 당시 우리는 한국 선교부 본부 강승삼 목사님과 계속 긴밀한 정보를 주고 받으며 적극적으로 일을 진행했다. 나만의 문제가 아니라 장로교 목사인 모든 선교사들이 단체로 어느 교단에 소속되는 중요한 사안이기 때문이었다.

우리의 생각은 이 법을 피할 수 있는 한시적인 소속이었다. 그러나 우리를 받아 줄 침례교단 차원에서는 어떻게 처리할지 문제였다.

총회가 열리는 모스크바 침례교회에 도착했다. 총회는 러시아에서 사역하는 분들만 오는 것이 아니었다. 구 소련권에서 사역하는 모든 침례교회 총대가 다 참석하는 큰 모임이었다. 총회 하루 전에 총회장이 나를 찾았다. 우리 선교사들이 요청한 장로교 선교사 침례교 교단 가입 건에 대하여 나를 직접 만나서 이야기 듣고 싶다는 것이었다.

총회장 집무실에 들어서자 모든 것이 안정된 분위기였다. 여기 저기 세계 침례교 지도자들과 찍은 사진과 기념품이 이분이 얼마나 왕성한 활동을 하는지 보여 주고 있었다. 총회장에 비하면 나는 한없이 초라하게만 생각되었다. 지금 이 땅에서 추방을 당할 것인가? 아니면 타

교단이라도 들어가서 이 땅에서 사역을 계속할 수 있을 것인가? 추풍 낙엽 같이 아주 작은 존재로 생각되었다. 그렇다고 뒤로 물러설 자리도 없었다. 나는 러시아와 구 소련권에서 일하는 모든 선교사들에게 영향이 미칠 중요한 문제로 그를 만나고 있는 것이었다.

"무엇을 도와 드릴까요?"

총회장은 품위 있는 자세와 권위로 인사를 하며 나의 이야기를 직접 듣고 싶다고 했다.

"무엇을 도와 드릴까요?" 이 말은 사실 우리 선교사들이 현지인들에게 수없이 했던 말이었다. 그러나 지금 이 순간은 내가 도움을 받아야 할 위치다. 나는 모든 체면과 품위를 내려놓고 부탁을 했다.

"총회장님이 너무나 잘 아시다시피 우리는 지금 러시아의 새로운 종교법으로 인해 추방위기에 처해 있습니다. 현지에서 15년 이상 되지 않은 교단은 인정하지 않겠다는 법 조항 때문에 더 이상 러시아에서 사역하기가 어려워졌습니다. 그러니 우리를 교단 차원에서 받아 주시고 사역을 계속 이어가게 도와주십시오."

"개인적으로는 받아 주고 싶습니다. 그러나 총회 총대들의 결의가 있어야 하고 총회에서 어떻게 결정될지 나도 모릅니다. 멀리서 오셨는데 먼저 청원서를 작성하여 문서로 자세히 요청하여 주십시오. 그러면 내일 전체 노회장 모임에서 이 문제를 논의하겠습니다. 내일 참석해 주실 수 있습니까?"

"알겠습니다."

짧은 만남이었으나 그의 노련한 언행과 행정적으로 이 문제를 다루는 태도에 많이 놀랐다. 총회장을 만나고 나자 나 자신은 아마추어로 생각되었다.

하기야 아마추어가 맞는 말이었다. 선교사 가운데 총회 정치를 해 본 분들이 얼마나 있겠는가? 노회 정치도 못해 보고 목사 안수 받은 후에 파송받아 오는데 바쁘지 않았는가? 그리고 한 살이라도 젊은 분들을 보내야 언어 훈련을 받는데 도움이 된다고 해서 노회에서도 선교사 후보생들에게는 목사 안수를 빨리 줘서 선교지로 보낸다.

내가 모스크바 침례교 총회에 참석한다는 소식에 모스크바 박시경 선교사가 찾아 왔다. 다음 날에는 고려측 선교사인 황상호 선교사가 성도들과 함께 음료수와 간식을 사 와서 총대들을 대접해 주셨다. 그만큼 우리 선교사들의 장래가 걸린 중요한 문제였다.

전체 노회장 모임에서 나를 불렀다. 직접 그 교단 가입에 대한 입장을 듣고 싶어 했다. 50명은 족히 될 노회장 모임에 입장하자 모든 시선이 나를 향해 주목되었다. 나는 여러 번이나 해 왔던 말을 또 다시 반복해 호소해야만 했다.

"지금 우리는 새로운 종교법에 의해 추방위기에 처해 있습니다. 도와주십시오. 그동안 우리는 형제로서 공동으로 복음 사역을 해 왔습니다. 지금 우리의 어려움을 지켜만 보지 마시고 도와주시기를 간절히 부탁드립니다."

그동안 이런 말을 하면 대부분 호의적이었으나 마지막 관문이 이 노회모임의 분위기는 사뭇 달랐다. 질문이 사방에서 시작되었다.

"한번 침례교 교단 가입은 영원한 가입이라고 우리는 생각하는데 그래도 하겠습니까?"

"우리는 잠시 법을 피하는 조건으로 가입을 생각하고 있습니다. 다시 장로교 목사로서 활동을 할 수 있다면 장로교 목사로서 일을 하고 싶습니다."

사람들이 술렁이기 시작했다.

"그렇다면 우리를 정거장 정도로 생각한다는 것인데, 계속 장로교 목사로 있겠다면 우리가 왜 당신들을 받아 줘야 합니까?"

분위기가 한 순간에 차가워졌다. 그 자리에는 친구처럼 지내던 하바로프스크 아브라함모브 목사님도 노회장 자격으로 앉아 있었지만 나를 위한 변호는 한마디도 없었다. 분위기가 이렇게 차가워지는데도 그는 끝까지 입을 다물었다. 인간적인 배신감까지 들었다.

"저는 문서로 여러분들에게 요청을 하였습니다. 숙소에서 여러분의 결정을 기다리겠습니다. 우리의 부탁을 긍정적으로 심사숙고 하여 문서로 답해 주시기 바랍니다."

새로운 종교법은 이미 러시아 국회에서 인준을 받아 1998년 12월부터 시행되게 되어 있었다. 우리는 몇 달간 이 법을 피해 어떻게 해서

든 계속 선교할 길을 찾고자 노력해 왔다. 마지막으로 침례교단에 가입

하고자 모스크바 침례교 총회까지 달려왔으니 침례교 총대들의 모임에

서 느낀 것은 부정적인 기류였다.

점심시간이 지나고 나서 총회 서기가 우리가 제안했던 안건에 대

한 결과를 문서로 나에게 전달했다. 예상했던 결과였다. 편지 내용에는

우리 선교사들을 받아만 준다고 기록되어 있지만 당시 러시아 침례교

총회장은 나에게 단호하게 이렇게 말하였다.

당시 러시아 침례교 교단에서 선교사들의 요청에 의해서 결정된 결의서

"우리 러시아 침례교 총회에서는 새로운 종교법으로 어려움을 겪고 있는 형제들을 받아 주겠습니다. 그러나 한번 침례교에 입회를 하면 영원히 침례교 성직자로 남는 것을 전제로 합니다."

이는 도저히 받아들일 수 없는 제안이었다. 연해주에서부터 우리들의 요구는 침례교는 우산 역할만 하고 법적인 구속력은 하지 않는 것이었다. 그러나 개인적으로 약속하였던 목사님들도 총회에서는 우리를 변호하는 것이 아니라 총회 결의에 따르기만 했다. 그들을 믿고 연해주에서 하바로프스크로 그리고 다시 모스크바까지 올라 온 내가 초라하게만 느껴졌다.

외국인으로서 겪는 이 아픔을 다시 맛보지 않으려면 어떻게 해서든지 러시아 국적을 취득해야겠다는 오기가 그때부터 내 안에서 생기기 시작했었다.

어쨌거나 당시의 나로서는 이런 결과를 손에 들고 그대로 앉아 있을 수는 없었다. 앞서 말했듯 러시아에는 개신교로서 침례교와 오순절이 있다. 나는 오순절 총회장에게 바로 전화를 했다. 지금 모스크바에 와 있으니 나를 만나 달라고 일방적으로 전화를 했다. 3시간 후에 만나기로 약속이 되었다.

어렵게 찾은 오순절 교단은 침례교 본부보다는 초라한 옛 유치원 건물을 미국 오순절 교단의 도움으로 구입하여 사용하고 있었다. 그래도 틀은 많이 잡혀 있었다. 오순절도 가을 총회를 하느라 분주했다. 여기저기에서 오신 총대들로 본부는 복잡했다.

총회장 집무실에 들어서는 순간 깜짝 놀랐다. 총회장만이 아니라 총회 임원들과 전 총대들이 나를 기다리고 있었다. 당시로서는 말이 필요하지 않았다. 외국 선교사가 자기들을 만나겠다는 것은 곧 교단 가입과 보호를 요청한다는 것을 그들도 알고 있었다.

나는 침례교에서 나온 결과를 솔직하게 이야기하며 오순절 교단장과 총대들에게 제안을 했다.

"현재 러시아에서 사역하는 한국 선교사만 100명은 됩니다. 일 년에 한 명이 오순절 교단에 선교비로 100불씩만 헌금해도 일 년이면 만불이 됩니다. 그러니 우리는 선교비로 협력하고 여러분들은 법적인 안전장치가 되어 주십시오. 단 장로교 교단이면 장로교로 자기가 소속된 교단의 지도를 받으며 계속 사역을 하는 조건입니다."

다행히 모두가 동의해 주었다. 나는 그들의 결의를 침례교와 마찬가지로 문서로 전해줄 것을 요청했다.

다음 날, 모스크바 선교사 협의회 회장이 나를 찾아왔다. 오순절 교단으로부터 받은 결의서를 가지고 비자가 필요한 분들을 도와야 할 일이 있다는 것이다. 그런데 한국 선교사들을 대표하여 오순절과 결정하는 일은 모스크바 선교사 협의회에서 담당하겠다는 것이었다.

나는 그렇게 하라고 했다. 어차피 극동에서 이곳까지 올라오는 일도 쉽지 않은 일이었다. 그러나 모든 일이 종결되자 기다렸다는 듯이 감투만 챙기겠다는 태도는 마음에 걸렸다. 어쨌거나 모스크바까지 달려와 살 길은 열어 놓은 것만이 다행이었다.

이 일이 있고 나서 우리 교회를 비롯하여 많은 교회가 오순절로 재등록을 하였다. 실제로는 장로교지만 법적인 소속은 오순절 교단으로 일하게 된 것이다. 당시로서는 새 종교법으로 모든 선교사들이 풍전등화의 입장이었으므로 선교를 할 수 있다는 것만으로도 감사해야 할 처지였다.

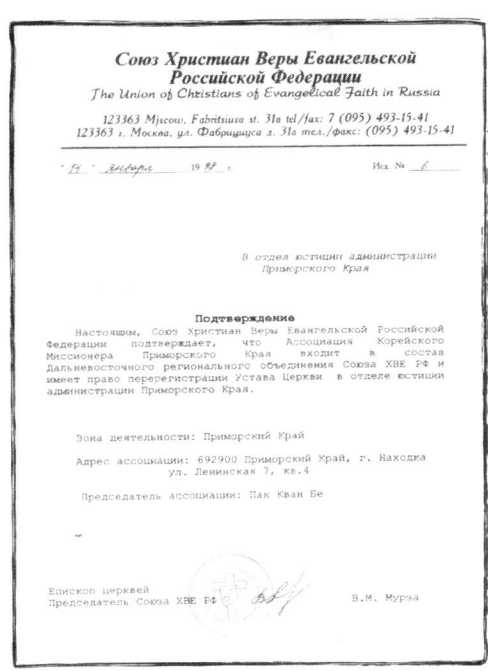

당시 러시아 오순절 교단에서 선교사들의 청원에 의한 결의서

18

연해주 장로교 공의회와 러시아 장로교 총회 설립
그리고 나아갈 길

많은 선교사들이 모스크바 오순절 총회의 결정서를 가지고 지역마다 오순절에 가입하였다. 다른 방도가 없어 그렇게 하긴 하였으나 역시 모양은 좋지 않았다. 서글프기도 하고, 행정적으로도 그런 식으로 언제까지고 갈 수는 없었다.

그러는 가운데 블라디보스톡과 사할린에서는 옛 자료를 찾아 장로교가 이미 90년 전에 러시아로 들어왔다는 것을 증명할 자료를 고문서 보관소에서 찾아냈다.

1909년 최관홀 선교사를 연해주로 파송하여 선교 사역을 하게 한 자료를 찾은 것이다. 누가 어느 교회가 주 파송이 되어서 최관홀 선교사를 보냈는지는 우리가 알지 못하지만, 90년이 지난 시점에 후배 선교사들이 모두 추방을 당하거나 타 교단 아래서 일하게 될 상황에서 기적적으로 장로교의 전통을 러시아에서 찾아냈던 것이다.

우리는 그 자료를 바탕으로 법무부에 장로교회로 다시 등록을 하게 되었다. 연해주에서는 독립적으로 등록한 세 교회가 모여서 연해주 장로교 총회를 법무부에 등록하였다. 이 일에 박용호 선교사, 송상천 선교사, 정호상 선교사 교회가 힘을 합쳐 등록을 했고 법적인 대표는 박용호 선교사에게 지도를 받던 나윤자 선생을 세웠다. 법률적인 부분이나 비용 지출은 당시 신학교 등록을 위하여 수고하던 정균오 목사의 수고가 많았다.

이 세 교회가 합쳐서 급히 연해주 총회를 설립한 것은 총회가 없이 신학교를 설립할 수 없었기 때문이었다. 이 총회가 러시아 연해주 법무부에 등록된 이후 오순절에 가입하였던 다른 교회들도 다시 장로교로 등록하는 과정을 겪으면서 종교법으로 인한 어려움은 일단락되었다.

당시 총회 설립을 위하여 세 교회가 힘을 합쳐서 다른 교회까지 총회로 모으는 역할을 하였다. 그리고 그전에 이미 독립 교회로 등록하였던 몇몇 교회는 2009년 8월 현재까지도 독립교회로 법적인 권리를 가지고 선교 사역을 하고 있다.

선교지마다 하나 되기가 얼마나 어려운 일인지 잠시 소개하려고 한다. 이 글에 대한 절대성을 주장하고 싶은 마음도 없고 현 연해주 장로교 공의회 지도체제에 제동을 걸 마음 또한 없다. 그래도 미래를 준비하며 고민하는 선교 실무자로서 함께 고민하며 가자는 제안이다. 어느 선교지나 선교사 모임에 가 보면 파송 교단이 다르고 선교단체가 다르고 후원교회가 다르다. 출신이 다른 선교사들이 하나의 단체를 다시 선교지에서 만드는데 순순히 만들어지는 곳이 없다. 해산의 진통 속에서 새 생명이 태어나듯 선교지에서 공의회나 총회가 그렇다. 문제는 그 배후에 하나가 되려는데 방해하는 무서운 개인주의와 자기 것을 포기하지 않으려는 이기주의가 있다는 점이다. 선교지의 특성을 주장하면서 누구의 간섭과 지적도 받지 않고, 또 법이나 규정도 없이 개인적으로 모든 것을 결정하려는 자유주의를 경계해야만 한다.

아무리 선교지라고 해도 법적인 권리를 가지고 있는 공의회나 총회는 그 모임에서 정한 규칙을 가지고 질서를 잡아갈 규정이 있어야 함에도 현실은 그렇지 못하다. 선교지에서는 사역은 있지만 권징이 없는 뼈 없는 문어와 같이 아무 힘이 없는 유명무실한 공의회와 총회가 선교지마다 너무나 난무하다.

개척교회들은 이루었지만 교육부를 만들어 다음 세대를 위한 교제를 하지 않고, 교회들은 무성하게 개척되었지만 그 교회들을 관리할 상부 기관이 없이 선교사 개인들이 모든 역할을 다하겠다고 스스로 공의회의 권위를 무시하는 경향이 있다.

내가 소속이 되어서 일하고 있는 연해주 장로교 공의회 역시 법적인 소속이 다른 교회들이 모여서 만든 상징적인 공의회를 만들어서 목사 안수를 주고 치리를 하고 있지만 그 권위는 현지인 러시아 지도자들에게는 큰 믿음을 주시 못하고 있다. 법적인 공의회 안에서 책임 있는 정책과 백년대계를 세워야 할 공의회와 총회가 선교사들의 편리를 위한 개인주의와 자유주의에 편승되어 표류하고 있다고 생각된다. 이렇게 선교지에서 연합으로 큰 법적인 단체를 만들어 가려는데 또 다른 어려움은 그동안 물질적으로 지원한 후원교회들이다.

선교사들이 선교지의 정책이나 결정에 법적인 권리를 주장하고 후원금을 무기삼아 모든 결정에 혼선을 가져오게 하는 일은 없어야 한다.

후원교회나 단체가 선교 후원금이 목적대로 잘 사용되는지 관리 감독하는 일은 참으로 필요한 일이지만, 그러나 선교지에서 연합으로 결정하는 법적인 기구가 마련되어 있고 선교사들이 그 부동산을 개인적으로 매매할 수 없는 장치가 되어 있다면 현지 선교사들에게 믿고 맡길 수 있어야 한다. 굳이 한국에서 법적인 관리와 소유를 주장한다는 것은 참으로 서글픈 일이 아닐 수 없다.

러시아는 러시아 정교회 나라다. 전통과 예식을 중시 여기는 러시아 정교회 문화 속에서 러시아인들이 바라보는 우리 장로교가 100년이라는 선교 역사를 논하면서 전통도 예식도 없는 오합지졸로 인식될까 심히 걱정이다. 그 책임을 누구에게서 찾는다는 것이 아니라 우리 선교사들 스스로 그 권리를 포기하고 자기 편리에 편승하여 미래를 혼탁하게 만들어 가고 있지는 않는지 심각하게 고민하고 대안을 찾자는 것이다. 교회의 품위와 교회의 권위와 교회의 일치를 유지해야만 러시아 장로교의 미래가 있다고 생각한다.

개인적으로 독립교회를 유지하면서 사역하는 것도 사역에 다양성이라고 보면서 인정할 수 있지만 그 개교회의 등록과 활동 역시 공의회가 법적인 장치가 없이 혼돈 속에서 교회를 살리고 등록을 하려고 몸부림치던 한 시대의 선택이었다. 이제는 법적인 테두리 안에서 법적인 공의회 안에서 일할 수 있는 자유를 러시아 법이 허락하였다면 다양한 이해관계와 부동산 문제 개인적인 사역의 성격문제를 논하며 흩어지지 말고 하나가 되자는 것이다. 군대는 규율이 제일 우선이다. 우리가 영적인 군사라는 것을 수없이 주장하면서 내실로는 규율이 없다면 스스로 오합지졸이 되어 미래를 포기하는 어리석은 일이다. 우리는 참고 이렇게 보낸다고 하자. 하지만 이런 일은 다음 세대에서도 반복될 것이다. 그렇다면 다음 세대를 준비하며 살아야 하는 우리에게는 참으로 암담한 현실이 아닐 수 없다. 다양한 파송 단체에서 보냄을 받은 사람들이 모인 단체일수록 공동으로 정한 규율과 법규 안에서 법적인 권위와 일체감을 가지고 사역해야 한다고 생각한다. 이미 우리는 공의회 중심으로 활동을 하고 있지 않느냐고 주장하지만 상징적인 공의회와 법적인 권위를 가진 공의회는 다르다. 법인단체와 가칭단체에 어떤 차이가 있는지는 모든 선교사들 스스로가 잘 알고 있다고 생각한다.

2009년은 러시아 장로교 선교 100주년이 되는 해이다. 한국 교회가 해외 선교를 하면서 일본 다음으로 가장 긴 역사를 가지고 있는 나라이다. 물론 75년 가까운 시간 동안 공산당 정권으로 선교가 단절되기도 했지만, 1907년 제주도로 이기풍 선교사를 파송한 한국 교회가 다음 해에는 일본으로 한석진 선교사를 파송하였고 1909년에는 러시아로 최관홀 선교사를 파송하리만큼 당시 초대 한국 교회 선배들은 선교에 남다른 열정을 가진 분들이었다. 선배들의 헌신이 헛되지 않고 다음 역사 앞에 우리가 부끄럽지 않으려면 오늘의 선택이 참으로 옳았다는 길을 걸어가야 할 것이다.

　　언제까지 개인주의와 이기주의와 자유주의에 중독되어 있을 것인가? 선교지에서 하나님께서 우리에게 어렵게 허락하신 법적인 공의회와 총회의 지위를 방치한다면 이 일이야 말로 직무유기가 아닐 수 없다.

19
시민권 신청

어느 나라로 선교를 가든 선교사에게 가장 큰 문제는 비자 문제다. 러시아 선교 1세대인 우리는 러시아로 오는데 여행 비자가 나온 것도 감사하여 여행자 비자로 종교 활동을 하고 있었다.

그래서 3개월마다 비자 연장을 해야 했는데, 갈 때마다 담당 출입국 관리소 직원들과 실랑이를 벌여야만 했다. 비자 목적이 다르다는 이유 때문이었다. 비자는 여행자용이고 활동은 종교 활동을 하기 때문에 비자 연장을 해 줄 수 없다는 것이니 법적으로는 그들의 말이 당연했다. 지금 생각해도 그때 담당 직원들에게 참으로 부끄러운 일이었다.

앞으로 러시아에서 종교 활동을 하기 위해 준비하는 선교사 후보생들은 이미 러시아로 들어온 선교사들의 도움을 받아 종교 비자로 입국하여 정상적인 선교 활동을 하기를 부탁한다.

나는 사역 현장에서 나호드까 부시장이었던 무히나로부터 수많은 행정적인 도움을 받았다. 비자 문제도 그 중에 하나였다. 여행자 비자를 종교 비자로 바꾸는 과정에서 시장의 편지가 결정적인 역할을 했다. 시장의 편지 하나로 여행 비자가 종교 비자로 입국 목적이 바뀌었다. 지금은 불가능한 당시에나 있을 법한 초법적인 일이었다.

러시아에서 비자로 살면 최근에는 3년 동안 거주를 허락하는 거주증을 받을 수 있다. 그러나 본인명의로 된 방 하나짜리 아파트라도 부동산이 있어야 하고 법인 등록증이 있어야 한다. 그렇게 거주증으로 3년을 살고 나면 영주권을 신청할 수 있다. 영주권은 거주 5년을 허락해 준다. 영주권을 받아 살면서 큰 범죄 사실이 없으면 시민권을 신청할 수 있다. 모스크바 총리실에서 허락이 내려오면 거주지에서 시민권을 취득할 수 있다.

1999년은 내가 영주권을 받고 5년이 되는 해였다. 러시아 법에 의하여 시민권을 신청할 자격이 주어지는 것이다.

나는 러시아 종교법 때문에 오순절 교단에 가입하는 고통을 겪으면서 자격만 주어지면 시민권 획득을 해야겠다고 마음먹고 있었다. 그래서 오랫동안 러시아 법률을 공부하며 어떻게 시민권을 신청할 수 있는지 어떤 자격을 갖추어야 하는지 준비해 왔었다.

9월이 되어 시민권 신청 자격이 되었을 때 나는 부시장 무히나를 만나 상담을 했다. 그리고 나호드까 출입국 관리 사무소를 통하여 정식으로 시민권 서류를 신청하였다.

첨부된 서류에는 당시 나호드까시 그네지레브 시장이 직접 총리실에 쓴 편지도 있었다.

"이 분은 우리 도시에 꼭 필요한 성직자이므로 러시아 국적을 취득하여 나호드까 시민과 같이 살아가도록 도와주시기 바랍니다."

시장이 나를 시민들에게 필요한 성직자라고 하는 말에 나도 무척 감사했다. 현지 분들에게 필요한 성직자라는 말이 나에게는 큰 위로가 되었다. 러시아 정교회 나라에서 개신교 성직자로서 저들에게 필요한 성직자로 인식되었다는 사실 하나만으로도 나에게는 큰 힘이었다.

하지만 가족들과 주변 친구 선교사들의 의견은 긍정적이지만은 않았다.

"국적을 바꿔가면서까지 선교를 할 이유가 있느냐?"

"한국 패스포드면 세계 많은 나라를 무비자로도 갈 수 있는데 러시아 패스포드는 모든 나라마다 비자를 받아야 하는 불편함이 있지 않느냐?"

나는 먼저 가족들에게 내 의사를 분명히 했다.

"이 일은 개인의 결정이므로 누구도 절대적인 의견을 말하지 말자. 나도 자녀들의 결정까지도 존중할 것이니 모두 개인의 의사에 맡기자."

말하자면 아무리 한 가족이라도 국적을 바꾸고 싶은 사람은 개인의 결정에 따라 결정을 하라는 이야기였다.

그러나 과연 러시아에서 한국 국적을 가지고 있던 사람이 시민권을 신청할 때 허락될지가 궁금했다. 그때까지는 누구도 한국 국적으로 러시아 시민권을 받은 사람이 없었기 때문이다.

나호드까 출입국 관리사무소에서도 의아해하며 나의 서류를 접수했다. 당시 러시아 극동에서는 세상에서 제일 잘 사는 나라는 미국이고, 다음으로는 일본, 세 번째로 잘 사는 나라가 한국으로 인식되어 있었다. 그만큼 극동 지역에서는 한국 물건이 다양하게 러시아 시장을 잠식하여 러시아인들의 머릿속에 한국이 선진국으로 인식되어 있었다. 우리가 잘 아는 대로 도시락 라면이 그렇고, 초코파이 역시 러시아 사람들의 입맛을 사로잡고 있어 선풍적인 인기를 끌었다.

그리고 러시아 외항선원들은 부산을 방문하거나 서울을 방문하면 한국의 발전된 모습을 보고 입에 침이 마르도록 놀라며 칭찬했다. 그런 나라의 국적을 가진 사람이 제3국으로 추락하는 러시아 시민권을 신청하면서 한국 국적을 포기한다는 것이 아무리 생각해도 잘 납득이 안 가는 상황이었다.

서류 심사는 12개월이 걸린다고 하였다. 나호드까에서 주청인 블라디보스톡으로 그리고 중앙 모스크바로 서류가 올라가서 마지막 총리실에서 최종 결정을 한다고 했다. 이러한 과정에 1년이라는 시간이 필요하다는 것이다.

나에게는 시간이 문제가 아니었다. 과연 러시아 정부에서 한국 국적자에게 시민권을 주느냐가 더 궁금했다. 그리고 내가 이제는 외국인이 아닌 러시아 자국인으로서 당당하게 선교를 할 수 있을까 하는 생각으로 12개월을 손꼽아 기다렸다.

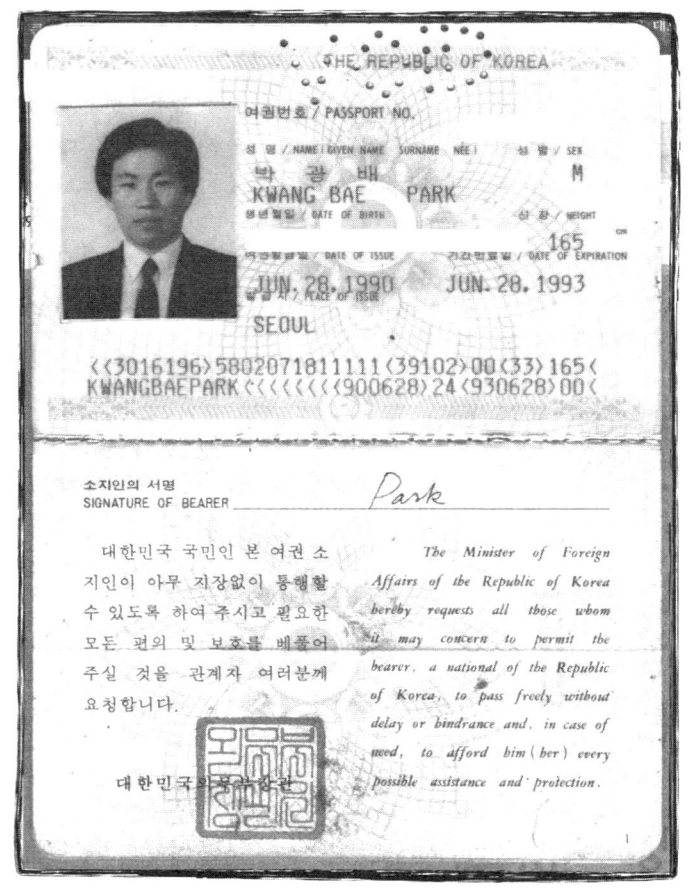

한국 국적을 상실함으로 사용이 중지된 여권

20

분단의 아픔은 러시아에서도

1998년 현대그룹 정주영 회장의 소떼 방북 사건으로 우리 러시아 사택에 북한 영사 가족이 자주 출입하였다.

"정말 정 회장님이 소떼를 끌고 북조선으로 갑네까? 그 현장을 목사님 가정에서 TV로 좀 볼 수 있습네까?"

소싯적에 고향에서 아버지가 소 판 돈을 장롱에서 훔쳐 달아난 청년, 그 청년이 타향에서 엄청난 재산을 일구고 과거 아버지에게서 훔쳤던 그 돈을 아버지 대신 고향땅에 갚는 현장 모습이었다. 이런 상황 자체가 당시에는 우리 국민은 물론 북한 사람들에게까지 감동적인 일로 비쳐져 흥분된 가운데 지켜보고 있었다.

이것은 분단국가라는 특별한 상황에서만 연출될 수 있는 의미심장한 일이었다. 분단 자체는 엄청난 비극이지만 또 이런 드라마틱한 상황은 누구도 생각하지 못했을 것이다. 때문에 조만간 통일이라도 되는 듯한 착각을 일으킬 만큼 모두가 흥분되어 있었다.

이렇듯 당시 정주영 명예회장이 소떼를 몰고 방북한다는 소식은 제3국에 있던 우리에게도 빅뉴스가 아닐 수 없었다. 또 정주영 회장의 개인적인 이야기를 접하고 정 회장의 방북에서 많은 국민들이 그분이 부모에게 대하는 자세에 많은 것을 생각하게 한 사건이었다. 500마리의 소떼와 현대 트럭 그리고 타고 간 승용차까지 기증하고 돌아온다는 계획은 과히 정 회장다운 웅장한 프로젝트였다.

이 정주영 회장의 소떼 사건으로 나에게는 또 다른 변화가 시작되었다. 북한 영사관 직원들과 가까워지게 된 것이다.

물론 그 전에도 나호드까 주재 북한 영사관의 직원들과 가끔 만나 바다나 산으로 가 미역이나 조개, 산나물 등을 채취하기도 하면서 허심탄회하게 교제를 해 왔다. 그러나 우리 집에서 위성으로 중계하였던 정 회장의 방북을 지켜본 후로는 만나는 시간이 더 많아졌다. 무슨 특별한 정보를 주고받는 관계가 아니라 그냥 가까운 이웃이 만나는 단순한 만남이었다.

그러나 북한 영사와 이런 교제를 나누는 일로 러시아 내에서 내 앞에 무슨 일이 기다리고 있는지 나는 까마득히 모르고 있었다.

북한 영사 이야기를 하면서 먼저 연해주에서 있었던 탈북자들의 이야기를 하고 넘어가고자 한다.

우리가 이곳 연해주에 왔던 1991년 이전에도 북한에서는 많은 노동자들을 외화벌이 목적으로 러시아로 인력 송출을 해 왔다. 그 중 하바로프스크 주에 있는 체그도문 지역에서는 산판에서 많은 탈북자가 발생했었다. 일하는 장소가 워낙 산속이었기에 도망간 노동자를 색출하기 쉽지 않았다.

선교사와 한국 상사들의 주재원들이 나호드까로 많이 입국하면서 탈북자들 중에서도 나호드까로 오는 사람들이 있었다. 이곳은 북한 영사관이 있음에도 한국과 러시아로 다니는 정기화물선 선박이 있는 관계로 배를 타고 밀항할 생각에 생명을 담보로 하고 이곳까지 찾아온 것이다.

그러다 보니 2시나 3시쯤 되는 새벽에 불쑥 선교사 집으로 찾아오는 이들이 있었다. 이들의 인권을 생각하면 도와야 하는 절박한 상황이지만 우리의 사역이 이들을 돕기 위한 탈북자 사역이 아니라 일반 선교였으므로 큰 고민이 아닐 수 없었다.

나는 고민 끝에 결론을 지었다. 일단 내 집에 찾아온 사람에 대하여서는 배가 고프면 밥은 주는 정도의 선의는 베풀지만, 적극적으로 배를 타고 밀항을 돕는다거나 다른 도움은 거절한다는 것이었다.

러시아 법령에도 이는 엄연히 불법이거니와 가족이 함께 사역하러 들어와 있는 나 같은 경우는 다른 분들과 너무나 다른 상황이었다. 기

147

대를 하고 찾아오는 사람들에게는 대신 일반 기업체 분들이나 영사관을 찾아가서 도움을 받도록 안내를 하는 것으로 매듭을 지었다.

지금 생각해 보면 나를 찾아온 많은 사람들 가운데 탈북자를 가장하여 우리 가정에 찾아와서 도움을 요청했던 북한 비밀요원도 있었다고 하니 그 어려운 일을 피하게 해 주신 하나님께 감사를 드린다.

이런 일들은 모두 남북한이 통일이 되지 못한 데에서 오는 분단의 비극이 아닐 수 없다. 그 비극이 제3국인 러시아에서 살아가는 우리에게조차 숙제로 다가오는 것이다. 그러나 내가 러시아 사역을 하면서 국제적으로 예민한 탈북자 사역을 병행한다는 것은 무리임에는 틀림없다. 공식적으로 인정하는 모임에서나 북한의 인사들을 다른 각도에서 당당하게 만나 저들에게 우리의 장점을 보여 준다면 다른 차원에서 저들에게 도전을 주는 일이라고 생각한다.

당시 러시아에서는 탈북자들이 계속 늘어만 갔다. 특히 체그도문이 가까웠던 하바로프스크에서는 이들 탈북자들을 돕다가 어려움을 겪었던 선교사가 많았다.

러시아 경찰에 잡혀 감옥에 있다가 풀려나는 탈북자를 서로 먼저 데려가려고 남북한 사람들이 대치하는 상황도 연출되었다. 장소는 블라디보스톡 시내에 자리 잡은 감옥이었다. 이 감옥 앞에 한국 영사관 직원들과 목사들 그리고 북한의 기관원들이 탈북자를 인도하기 위하여 대치하고 있었다.

이에 한국 영사관에서는 북한 사람들을 따돌리려고 거짓 정보를 흘렸다. 탈북자가 그곳이 아닌 다른 감옥에 있다고 소문을 낸 것이다. 그러나 북한도 어수룩하지는 않아 원래의 감옥과 정보를 흘린 감옥 두 곳에서 모두 대기하고 있었다.

이런 상황을 우려해서 러시아 정부는 이날 이 북한 사람을 석방하지 않았다. 모두 허탈한 마음으로 현장을 떠나려는 찰라 북한 측으로부터 남한 사람들을 향한 돌팔매질이 시작되었다. 한국 분들의 차량에 돌이 맞아서 몇 대는 차가 찌그러지기도 했다. 이러다가 무슨 봉변이 또 일어날지 몰라 너도 나도 기겁을 하고 도망가는 일이 벌어졌다. 같은 민족끼리 돌을 던지고 도망가고 하는 모습이 러시아 사람들 눈으로 보아도 안타까운 민족으로 여겨졌을 것이다.

당시 선교사들이나 러시아 주재 한국 지사장들은 탈북한 사람들에게 도움이라도 주면 '통일세를 냈다'고 표현하고는 했다. 이런 일들이 연해주에서 빈번하게 일어나자 이번에는 북한에서 연해주에 있는 선교사들 가운데 3명만 북한으로 체포해 오라는 명이 내려져 선교사 체포조를 파견하기에 이르렀다. 1994년도의 일이다.

러시아 연해주에서 이렇게 탈북자들이 많이 발생하는 원인을 한국의 선교사들이 탈북자들을 돕기 때문이라고 판단하여 이에 본때를 보여 주기 위해서 3명을 납치해 오라는 지령을 내린 것이다.

7월초에 이들이 연해주에 파견되어 선교사들을 체포하려고 하는 시점에 급히 철수 명령을 받았다. 당시 북한에서는 권력 승계 문제로 김일성 부자간에 심각한 갈등과 견해 차이를 보이고 있었다. 김일성과 김달현은 점차적인 개방과 중국식 사회주의를 지향한 반면 김정일과 연현묵은 북한식 사회주의를 주장하던 시점이었다.

묘향산 초대소에서 7월 7일 갑자기 심장마비로 생을 마감한 김일성의 죽음으로 러시아 연해주 선교사 체포조의 일은 허사로 돌아가고 말았다.

1994년 연해주에서 선교사 납치에 실패한 이들은 이듬해 1995년 중국 연변에서 안승운 목사를 납치하여 북한으로 데리고 갔다. 이 역시 러시아 극동 지역과 중국 연변 지역에서 선교사들이 탈북자들을 돕는 문제가 수면 위로 드러나자 선교사들에게 자극을 주기 위한 본보기였다. 연해주에서 체포조가 움직였다면 가장 먼저 내가 북송되어 고난을 받아야 할 사람이었는데, 일이 더디게 진행되면서 이듬해 중국 연변에서 안승운 목사를 납치하여 데리고 간 것이다. 그래서 안 목사에 대한 나의 안타까움은 누구보다 더 깊을 수밖에 없다.

21
러시아 비밀경찰의 호출

모스크바로 시민권 신청을 하고는 오랫동안 결과를 기다렸다. 법적인 검증 기간이 12개월이었으므로 1998년도 9월에 접수를 한 나로서는 일 년이 되는 1999년도 9월이면 어떤 형태로든 답이 있으리라 생각했다.

정확하게 1999년도 9월 초에 나호드까 경찰서로부터 전화가 왔다.

"박광배 목사입니까?"

"예, 어디십니까?"

"나호드까 경찰서인데 내일 아침 10까지 경찰서 서장실로 좀 출두해 주실 수 있습니까? 만약에 안 오시면 사람을 보내겠습니다."

매우 사무적인 목소리였다.

'아니, 내가 이곳에서 생활한 지가 몇 년인데 나를 경찰서로 출두하라고? 그리고 내가 안 가면 사람을 보내?'

아주 마음이 불쾌했다.

"그럴 필요가 있나요? 내가 내일 아침 10까지 서장실로 가지요."

이날 저녁에 몹시도 잠을 설쳤다. 타국인 선교지에서 이렇게 정부기관의 출두 요청을 받고 보면 오만 가지 생각이 머릿속에서 맴돈다.

무엇 때문일까? 혹시 교회 성도들이 진정서라도 냈나? 교회 건물에 무슨 문제가 있어서 시정을 지시하는 것일까? 아니면 내가 누구에게 고소를 당했나?

잠을 설쳤으니 몸은 천근만근 무거웠다. 새벽기도를 인도하면서 오늘 있을 경찰서 출두 문제를 하나님께 맡겼다. 누구 앞에 서든 반듯하게 대답할 말을 할 수 있도록 성령께서 도와주시기를 기도했다.

그날 새벽에 우리 성도들과 묵상한 말씀이 신약성경 에베소서 1장이었다. 우리 교회에서는 성경을 한 장씩 읽고 그 성경을 묵상하는 형식으로 새벽기도를 인도한다.

이윽고 아침 10시에 맞춰 경찰서에 들어서서 서장실로 향했다. 나호드까 경찰서장은 사석에서도 자주 만난 사이로 서로 친구처럼 지내는 사이였다. 그런데 오늘은 전혀 다른 신분으로 서장실로 향하고 있었다. 무슨 대단한 범죄라도 지은 사람처럼 무거운 발걸음으로 가고 있는 것이다.

드디어 문을 열고 서장실로 들어서는 순간 내가 아는 서장은 보이지 않고 아주 낯선 사람 두 명이 나를 기다리고 있었다. 서장 자리에 앉아 있던 사람이 나를 자기 맞은편 자리에 앉게 했다. 두 사람 다 운동으로 다져진 듯한 건장한 몸이었다.

선임으로 보이는 사람이 나를 예리하게 바라보며 첫 질문을 던졌다.

"너! 누구야?"

한국말에도 존대말과 하대하는 말이 있듯이 러시아도 마찬가지다. 그가 나에게 물어본 말은 아주 경박스러운 하대 말이었다. 일단 참으면서 내가 누구이고 어디에서 와서 무슨 일을 하는지 설명을 하는데 갑자기 내 말을 끊었다. 그리고는 역시 듣기 거북한 반말로 명령하듯이 쏘아붙였다.

"너는 너네 나라가 있고, 우리는 우리나라가 있으니까 넌 너네 나라로 가!"

잠을 설쳐 몸 상태도 엉망인데 연속적으로 모욕적인 말을 듣고 있자니 정신이 멍했다. 잠시 눈을 감았다.

'이게 웬 날벼락 같은 일인가? 나를 정말 쫓아내려는 것일까? 교회는 누구에게 맡기고 우리 가족은 어떻게 되는 것일까? 그리고 한국으로 가면 어디로 가야지?'

한순간에 온갖 상념이 머릿속을 복잡하게 했다.

순간 새벽에 성도들과 묵상하였던 에베소서 1장의 말씀 첫 번째 바울의 인사말이 떠올랐다.

"하나님의 뜻으로 말미암아 그리스도 예수의 사도 된 바울은
……"

그래, 내가 하나님의 뜻으로 러시아에 왔고, 그리스도 예수의 사도 된 신분으로 왔다면 이들이 누구라고 나에게 가라 오라 명령할 수가 있단 말인가?

생각이 여기에 이르자 내 속에서 한없는 평안이 물밀듯 밀려왔다. 그때까지 교회와 가족에 대한 문제로 복잡하였던 마음이 순간적으로 평안해지면서 새 힘이 솟아올라오는 것을 느꼈다. 그렇게 마음이 편안할 수가 없었다.

나는 그들에게 하대 말을 쓸 수가 없기에 존대말로 깍듯이 대답했다.

"선생님들이 나를 이곳으로 파송한 사람들도 아니고 초청한 사람들도 아닙니다. 난 하나님의 뜻으로 이곳으로 왔고, 그리스도의 종 된 신분으로 선교를 하러 왔습니다. 그렇기 때문에 선생님들의 말만 듣고 이곳을 떠날 수는 없습니다."

못 간다고 버티는 나에게 그들은 사납게 눈을 치뜨며 화난 얼굴로 서류를 한 장씩 들이대며 본격적으로 조사를 시작했다.

우선 자기들의 신분을 밝혔다.

"우린 비밀경찰들이야. 들어 봤어?"

드디어 올 것이 왔구나 싶었다. 이들에게 어떻게 대처를 해야 하나 잠시 눈을 감고 기도하며 마음을 가다듬었다. 누군가 들려주듯 내 안에서 이런 목소리가 들렸다.

'넌 마약을 거래했거나 밀수를 했거나 국가 기강을 무너뜨리는 범죄를 저지르지 않았지 않니? 넌 목사야, 목사는 모든 사람들을 만나 믿는 자에게는 복음으로 권면하고 믿지 않는 자에게는 복음을 제시하는 사람이야.'

이상했다. 그 순간은 눈을 뜨고 그들을 바라보는데 전혀 두려움이나 위협적인 느낌이 없어졌다. 무슨 질문을 해도 차분하게 대답할 수 있었다.

1991년 내가 러시아로 입국하면서 그들 앞에 설 때까지의 모든 자료가 그들의 책상 앞에 놓여 있었다. 내가 어디에서 누구를 만나며 어떤 사람들과 전화로 대화를 했는지 아주 구체적으로 자료가 준비되어 있었다. 러시아는 정보로 무장된 나라다. 전에도 그렇지만 앞으로 얼마간은 이러한 환경을 벗어나기는 어려워 보인다.

그날 나는 4시간을 그렇게 질문에 대답을 해가며 조사를 받았다. 그들도 힘든지 다음날 다시 전화를 기다리라는 말을 던지며 집으로 가도 좋다고 했다.

집으로 돌아오는 길에 다리가 휘청거렸다. 머리가 멍하면서 과연 내일은 어떤 질문과 무슨 일이 또 기다릴지 앞이 캄캄해오는 것을 느꼈다. 집에 돌아와서는 가족들에게 아무 말도 못하고 새파랗게 질린 모습으로 쓰러지듯 누워버렸다.

얼마를 잤을까? 눈을 뜨니 캄캄한 밤인데 다시 잠을 이룰 수가 없었다. 저들의 위협에 굴복해 선교 사역을 허무하게 끝낼 수는 없었다. 그러나 계속 이렇게 괴롭힌다면 언제까지 견딜 수 있을지 스스로도 자신할 수 없었다. 굴복하고 쫓겨난다는 것은 상상도 하기 싫지만, 결국 그렇게 되고 말지도 모른다는 불안감이 가슴을 무겁게 억눌렀다. 낮에 보았던 두 사람의 차가운 표정이 머리에서 떠나지 않은 채 거의 뜬눈으로 밤을 새웠다.

새벽기도 시간에 나는 성도들에게 자세한 이야기는 할 수 없었지만 목사가 당한 어려운 문제를 잘 이겨내도록 기도를 부탁했다.

아무 일도 손에 잡지 못한 채 초조한 마음으로 교회에서 전화를 기다렸다. 드디어 아침 10시에 전화벨이 울렸다. 시내 중심가의 어느 사무실이었다. 주소를 알려 주며 11시까지 무조건 오라고 했다. 깊은 무기력감 속에서 나는 저들이 오라는 곳으로 갔다.

심문은 전날과 똑같았다. 나의 행적을 들이밀면서 왜 무엇 때문에 거기에 가고 그 사람들을 만났는지 일일이 설명하라고 했다. 그나마 한 가지 다행이라면 그들이 나에게 두고 있는 혐의가 무엇인지 알 수 있었다는 점이다.

그들은 나를 국제 스파이로 보고 있었다. 한국 정부에서 파견한 고정 간첩으로서 그동안 목사 이름으로 활동을 했고, 앞으로는 러시아 국적을 받아서 이곳에서 활동하려고 하는 저의가 무엇인지 다 알고 있으니 순순히 자백하라는 것이었다.

그제야 이들이 왜 나를 찾아왔는지 알 수 있었다. 시민권 신청을 의아하게 생각하여 스파이라는 쪽으로 의심을 하고 있는 것이었다.

말을 듣고 보니 그렇게 볼 수도 있겠다는 생각이 들었다. 나는 러시아의 많은 도시 중에서도 북한 영사관이 주재하는 나호드까로 들어왔고, 북한 영사관 사람들이나 블라디보스톡에 있는 한국 영사관 사람들과도 허심탄회하게 만났었다. 나호드까로 한국 사업가들이 들어오면 함께 식사하는 일로 시작해서 고려인협회 일도 도와주며 사회 곳곳에서 다양한 사람들을 만나며 지내왔던 것이다.

제3자가 볼 때는 목사로 보기에는 너무나도 활동적이고, 사업가도 아닌 사람이 무슨 돈으로 이렇게 교회도 지어가며 이곳에서 살아가는지 궁금했으리라 생각되었다.

그러나 간첩이라는 말에 마음이 오히려 안정이 되었다. 사실이 아닌 만큼 해명만 제대로 하면 의심을 풀 수 있을 거라고 생각했다. 나는 그들이 거론하는 나의 행적에 대해 차분하게 설명해 주었다.

나의 태도가 의연하고 설명에 모순이 없자 나를 윽박지르던 그들의 거친 말투도 조금씩 줄어들었다. 그러나 조사는 멈추지 않고 다음

날도 또 다음 날도 계속되었다.

일주일에 세 번, 하루에 네 시간씩 그렇게 6개월을 시달렸다. 나중에는 조사 받는 것이 익숙해졌다. 번거롭고 조심스러운 마음은 여전했지만 처음의 두려움은 차츰 사라졌다.

그 6개월 동안 연말이 지나가고 새해를 맞이했다. 1999년 연말을 보내며 새해에 다시 만날 것을 약속할 때에 나는 그들에게 이렇게 말했다.

"난 정말 러시아가 부도난 나라로 생각했습니다. 그러나 선생님들을 만나고 보니 마음이 든든합니다. 모든 조직이 축소되었는지는 몰라도 나라의 기능이 여전히 건재한 것을 보니 좋습니다."

내 말에 그들도 기분이 나쁘지는 않았는지 웃으며 손을 내미는 것으로 답을 했다.

정말 그랬다. 러시아에 처음 도착하였을 때만 해도 질서가 없고 혼란스러웠다. 완전히 무너져 가는 나라라는 느낌이 강했다. 하지만 그 무질서 속에서도 기본적인 치안은 유지되고 있었던 것이다. 시민권 신청 하나의 문제로 나를 그토록 집요하게 조사하는 것이 그 증거였다.

아사 직전에 있던 국민들이 정부를 원망할 만도 한데 누구 하나 정부를 원망하기보다는 자기가 태어나서 살아가는 시대와 운명을 한탄했다. 누구에겐가 들었던 "러시아는 설명이 어렵고 살면서 느껴가며 알아가는 나라"라는 말이 피부로 와 닿았다.

22
마지막 사상검증

조사가 6개월이 넘어가자 조사관과 조사받는 나와의 관계가 친구처럼 가까워졌다. 미운 사람도 자주 보면 정이 든다고 할까? 전에는 물만 있던 조사실에 음식도 준비해 놓고 함께 먹으며 환담하는 단계로 발전했다. 그러나 매 순간 나에게 답을 요구하는 질문은 여전했고, 만나고 헤어질 때마다 마음에 느끼는 부담감은 여전했다.

그렇게 새해 첫 달이 지나가고 2월 초순이 된 어느 날이다. 아침에 집으로 전화가 왔다. 꿈에도 잊을 수 없는 비밀경찰의 목소리였다. 그러나 상대방의 목소리는 전에 없이 부드러웠다.

비밀경찰은 나에게 생일을 축하한다고 했다. 내가 치르는 생일은 음력이어서 아직 멀었지만, 양력만 계산하는 러시아인에게는 내 신분증에 있는 출생일인 2월 7일이 생일로 생각되었던 것이다.

어쨌거나 생일축하를 받는 것은 나쁠 것 없었다. 그런데 단순히 생일축하만이 아니라 뜻밖의 선물이 있었다. 모스크바에서 내 생일 선물로 오늘 시민권을 준다고 결재가 나왔다는 것이다.

전화하는 분이 옆에 있었다면 안아 주고 싶을 만큼 반가운 소식이었다. 모스크바에서 우리 지방까지 서류가 내려오는 데는 약 한 달은 걸린다. 모스크바에서 블라디보스톡 주청으로, 그리고 다시 우리 도시로 오는 행정적인 절차에 걸리는 시간이다.

결국 한 달이 지난 2000년 3월 4일, 드디어 나는 러시아 출입국관리사무소로부터 러시아 시민권을 받아들 수 있었다. 한국인으로서는 해방 이후 첫 번째로 받는 러시아 시민권이었다.

그날 시민권을 받아 들고 교회 예배당에서 기도를 하려고 앉았다. 그동안 이 시민권 때문에 받았던 수많은 질문과 조사를 생각하면 다시는 돌아보고 싶지 않은 일들이 너무 많았다. 한국과 러시아의 국가 간 일이기에 글로 표현하지 못하는 일도 많았고, 잠 못 이루며 뜬 눈으로 밤을 새운 날들은 얼마나 많았던가?

"그래, 난 이제 3류 국가로 추락하는 러시아 시민이 되었구나. 한국 국적이면 세계 많은 나라들을 비자 없이도 다닐 수 있을 텐데. 이젠 러시아 사람이 되었으니 가는 데마다 비자를 받아야 되는구나."

시민권을 받아 기쁘면서도 가슴 한쪽에는 그런 서글픈 기분이 있었다. 순간 내 마음에 와 닿는 세미한 음성이 있었다.

"나도 하늘나라를 버리고 이 땅으로 오지 않았니?"

인카네이션이었다. 하나님이 육신을 입으시고 죄인들을 구원하시기 위하여 인간으로 오신 사건이 마음에 밀려오는데 뜨거운 마음을 주체할 수가 없었다.

신학교에서 내가 배웠던 성육신이 아니었다. 엠마오출판사에 일하면서 책에서 만났던 성육신이 아니었다. 실로 그분은 거룩하신 하나님의 신분으로 더러운 죄인들을 구하시려 친히 인간의 몸을 입으시고 이 땅에 찾아오신 분인 것이다.

2000년 2월 7일, 나는 아주 특별한 생일 선물을 하나님으로부터 받았다. 성육신의 진리가 아주 선명하게 내 가슴에 새겨졌다. 이제 나에게는 어느 나라 국적자라는 사실은 더 이상 중요하지 않았다. 한국이든 미국이든 러시아든 말이다.

"주님이 육신을 입고 이 땅에 오셨다네……."

이 짧은 문장을 머릿속에 떠올리기만 해도 지금도 못 참을 일이 없을 것 같이 가슴이 벅차오른다.

시민권을 받고 이틀이 지나자 비밀경찰로부터 연락이 왔다.

"이제는 시민권자가 되었으니 축하를 해 주겠다."

내일 저녁 시간에 함께 저녁을 먹자고 약속을 해 왔다. 나는 더 이상 그들의 요구에 거절할 관계가 아니었다. 다음날 약속 장소로 나가자 장소를 옮겨 사우나를 겸하면서 저녁을 먹자고 했다. 우리가 갔던 장소는 시내 외곽에 있는 어느 회사 사우나였다. 사우나 안에는 큰 상이 준비되어 있었다. 보드카와 각종 음료, 각종 햄과 음식들이 가득했는데, 특별히 나를 위하여 한국 반찬도 준비되어 있었다.

사우나 안에서 나는 제왕처럼 대접을 받았다. 마사지도 직접 그들이 나에게 해 주었다. 앞으로 누워서 그리고 엎드려서 정성스럽게 그들은 나의 몸 구석구석을 마사지해 주었다. 마사지라고 해서 손으로 하는 마사지가 아니다. 러시아는 잎이 달린 떡갈나무를 그늘에 말려 뜨거운 물에 적셔서 몸을 때린다. 떡갈나무에 있는 좋은 향과 나뭇잎이 때릴 때마다 오는 느낌으로 큰 충격 없이 마사지를 즐기는 것이다. 그리고 뜨거운 물에서 느껴지는 뜨거움이 사우나의 즐거움을 배가시킨다.

사우나 한켠에 풍성히 준비된 식탁 앞에서 우리는 허심탄회하게 지난 일에 대하여 잊어버리자며 음식을 곁들이고 잔을 마주했다. 그런데 그들은 나에게 보드카 맛을 보라고 계속 권했다.

"이제는 러시아 사람이 되었으니 보드카 맛을 봐야 진정한 러시아 사람으로 거듭나는 것이요."

그들의 권면은 아주 끈질겼다.

그때나 지금이나 나는 성직자로서 술은 하지 말아야 한다고 믿는다. 그래서 선교지에서도 타협이 없는 보수주의자로 낙인이 찍혔는지도 모른다.

"보드카와 생수는 색깔이 같으니까 같은 걸 마신다고 생각하고 잔을 나눕시다."

나는 그들의 끈질긴 권유를 똑같이 끈질기게 거절했다. 이 자리는 나의 지나간 생일을 축하하는 하는 자리였고, 내 러시아 시민권 취득을 축하하는 자리였지만 상대는 엄연히 국가 정보를 담당하는 비밀경찰이 아니던가? 그리고 나는 목사가 아닌가?

그렇게 우리가 사우나실에서 두 시간은 지났을까, 밖에서 갑자기 시끄러운 소리가 들려왔다. 그 소리는 철없이 떠드는 젊은 여자들의 카랑카랑한 목소리들이었다.

경찰 중의 한 사람이 밖으로 나가자 그제야 조용해졌다. 누구냐고 물었더니 밖에서 불이 약해졌다면서 불을 더 지펴 준다는 말이라며 얼버무렸다. 그러나 내가 들은 목소리는 분명 젊은 여자들의 목소리였다. 분명 나에게 2시간에 걸쳐서 술을 먹이고 여자들을 불러서 집단으로 뭘 해 보겠다는 속셈이었다.

내가 목사인지 국가에서 파견한 정보요원인지 알아보는 마지막 검증이었다. 한 시간쯤 후에 다시 여자들의 소리가 시끄럽게 났지만 내가 맨정신으로 있어서인지 더 이상 다른 일은 없었다.

우리는 그렇게 저녁만 먹고 사우나를 한 다음 헤어졌다. 지금도 앞으로도 그들은 여전히 나에 대하여 주목하고 있을 것이다. 그만큼 러시아는 정보를 중요하게 여기며 외국인들의 자국 내 활동을 주목하고 있다.

우리는 종교 개혁가들의 신앙을 전수하고 있다고 생각한다. 그것은 단순히 내가 개혁주의 신앙인이라고 생각하는 것과는 거리가 멀다. 그들은 언제나 "하나님 앞에서" 살아갔던 사람들이다.

우리도 물론 그렇게 살아간다고 하지만 우리는 이 사실을 망각할 때가 많다. 중요한 결정을 하거나 유혹이 있을 때 어김없이 우리는 "코람 데오(하나님 앞에서)"로 살아가는 신앙인이라는 사실을 잊지 말아야 한다.

23

목사님, 우리 목사님

시민권을 받은 주일날에 예배를 마치고 성도들을 배웅하는데 모두 하나 같이 나에게 인사하는 말이 있었다.

"이제 우리 목사님 같습니다."

성도들이야말로 그동안 얼마나 불안했을까 하는 생각이 들었다. 안나 이봐노브나 성도는 누구보다 기뻐했었다. 내가 러시아로 왔던 그해에 큰 아들을 미국으로 이민 보내고는 내가 아들이나 된 것처럼 기뻐하셨다. 또 성도들에게도 농담으로 아들이라고 말하며 늘 깍듯한 대접을 해 주었던 분이다.

거기에 국적까지 러시아 국적으로 바꾸었으니 이제야 비로소 자기 교회 목사가 되었다며 주님 오실 때까지 우리와 같이 믿음생활하자며 그렇게 기뻐하실 수가 없었다.

물론 다른 성도들도 마찬가지였다. 내가 생각했던 것 이상으로 성도들은 러시아 국적을 받은 나를 비로소 자기 교회 목사로서 마음으로 받아들인 것 같았다.

국적을 바꾸면 가장 먼저 불편한 것이 한국으로 들어갈 때 비자를 받아야 하는 일이다. 그래도 어떻게 하랴? 내가 이제는 신분이 이렇게 되었는데…….

2001년 부산 수영로교회에서 미국 국적을 가지고 있는 송창현 목사를 만나 점심을 먹으며 한국 비자 문제로 이야기를 하다가 중요한 사실을 알게 되었다.

송창현 목사도 수영로교회에서 영어 예배 때문에 그 동안 3개월에 한 번씩 일본이나 중국을 다녀와야 했는데 이제는 안 가도 된다는 것이다. 김대중 전 대통령 때 외국 국적 동포를 위하여 거주증을 발급해 주는 법이 통과되어 이제는 누구에게나 거주증을 발급해 준다는 사실을 전해 주었다.

그것이 "외국국적동포국내거소신고증"이다. 거주 허가는 2년씩 허락해 주고 연장은 꼭 한국으로 나와서 본인이 연장을 해야 하는 규정이 있다. 외국 국적 동포 가운데 국가에 피해를 준 동포에게는 입국을 거절할 권한이 국가에 있기 때문에 본인이 꼭 한국에 나와서 신고를 해야 한다. 거주증 연장을 할 때 국가에 어떤 피해를 주었나를 검증하기 위해 본인이 꼭 출입국 사무소로 출석하도록 하는 것이다.

내가 지금도 한국을 다닐 때 사용하는 거주증은 사실 2년짜리 한국 복수비자인 셈이다. 이 2년 기간 안에는 몇 번이고 자유롭게 한국을 출입할 수 있다.

바울은 복음을 위하여 로마 시민권을 가지고 활동했다. 그러나 바울이 어느 나라 국적에 매여 복음을 전하는데 구속을 받은 일은 없다. 그의 국적은 하늘나라에 있었기 때문이다.

러시아 국적을 받고 2009년 현재 사용하고 있는 여권

24
어느 선교사 후보생

어느 날 한국에서 걸려온 전화를 받았다.

"저의 제자가 목사 안수를 받고 선교사 후보생이 되어 러시아로 가야 하는데 1년간 목사님 밑에서 좀 배우게 하면 안 될까요?"

부탁해 오신 분은 내가 거절할 관계가 아니었다. 그렇게 해서 나에게 찾아온 젊은 선교사 후보생이 있었다. 내가 신원보증인이 되어 일 년간 선교사 훈련을 담당하게 되었다.

이 선교사 후보생이 어느 날 나에게 하는 말에 나는 깜짝 놀랐다. 자기 스승은 집사로서 한 교회에 다니는데 자기가 어느 날 그 스승을 혼냈다는 것이다. 무슨 일로 그랬느냐고 묻자 이런 대답이 돌아왔다.

"다른 젊은 전도사에게는 존댓말을 하면서 나에게는 왜 반말을 합니까? 나에게도 존대말을 하세요."

그랬다는 것이다. 속으로 '이분을 나는 어떻게 대해야 하나' 하는 생각이 들었다. 목사가 무슨 권력자라고 스승에게 존대말을 강요한단 말인가.

순간 총신대학교의 교훈이 생각났다. 목사가 되기 전에 먼저 "신자가 되라, 학자가 되라, 성자가 되라, 전도자가 되라, 목자가 되라." 이 교훈은 오늘 이 시대에도 나를 포함한 모든 성직자들이 가슴에 새겨야 할 평생의 좌우명이 되어야 한다고 생각한다. 어쨌거나 그 말을 들은 후부터 나도 그 선교사 후보생에게 존대말을 쓰려고 노력했다. 그런일 가지고 신경전을 벌이는 것은 불필요한 갈등만 낳을 것이므로 내가 스스로 조심했다.

시간이 흘러 몇 달이 되어갈 때였다. 선교사 후보생의 종교 비자 문제도 해결되어 이제 일주일만 있으면 종교 활동을 할 수 있는 허락서도 나오게 되어 있었다. 그런데 그 시점에서 나와 그 선교사 후보생이 크게 부딪치는 일이 일어났다.

그 주에 한국에서 단기 선교팀이 왔었다. 선교 활동은 아침 7시부터 시작되는데 이 후보생은 열 시나 되어서 나오곤 하여 손님으로 온 선교팀 사람들을 기다리게 만들곤 했다. 그러다가 어느 날 결국 결정적으로 부딪치고 말았다.

어느 지역으로 나가면서 나와 그 선교사 후보생은 선교팀을 차량

두 대에 나누어 각자 안내를 맡고는 나중에 한 장소에서 만나기로 하였다. 그런데 서로 전달이 잘 안 되어 혼선이 오고 말았다. 핸드폰이 없을 때였으므로 둘 다 서로의 차량을 찾느라 두 시간 이상이나 헤매어 기진맥진해져 버렸다.

그러다가 결국 만나기는 했는데 선교사 후보생이 갑자기 차량에 벌렁 눕더니 일어나지를 않았다. 몇 번을 일어나라고 해도 막무가내였다. 결국 내가 말했다.

"선교사님, 이렇게 하면 우리 같이 일하기가 어렵겠네요."

그러자 이 후보생은 기다렸다는 듯 "나도 그렇게 생각합니다." 하고 말했다.

"그럼 우리 각자 따로 일합시다."

"그렇게 합시다."

나는 다음날 출입국 관리 사무소에 가서 이분에 대하여 내가 더이상 보호를 못하겠다는 편지를 썼다. 내가 모든 신분과 재정을 책임진다고 하면서 초청하였기 때문에 러시아 법적으로는 내가 이분의 신원보증인이 되어 있는 것이다.

내 편지가 접수된 다음 날로 출입국 관리 사무소에서 선교사 후보생에게 연락이 갔다. 선교사 후보생의 1년 비자를 취소하고 30일 임시비자를 주면서 "러시아를 떠나라"고 한 것이다. 임시 비자를 손에 받아들고 비로소 정신이 든 선교사 후보생이 나에게 찾아왔다.

"무릎을 꿇으라면 꿇겠습니다. 용서하여 주십시오."

"무엇을 잘못했는지 아시고 용서를 구하십니까? 아셨으면 다시는 그렇지 마십시오. 그러나 일단 한국으로 다시 가십시오."

교회 목사의 정년은 70세이다. 당시 30세 된 젊은 선교사 후보생이 앞으로 법적인 정년까지 40년이나 더 일해야 되는데 그런 자세로 사역을 계속하는 것보다는 좀 깨우치고 겸손하게 일하면 하나님께서 더 크게 쓰실 것이라는 것이 내 생각이었다. 나도 허물이 많은 사람이지만 선배로서 후배가 가는 길을 정말 위한다면 이 판단이 바람직하다고 생각했다.

사실 이 선교사 후보생은 고등학교에서부터 대학교에서 그리고 신학교에서까지 거의 모든 학업 과정을 우수한 성적으로 공부하였던 장학생 출신이었다. 그러나 성적은 장학생이었는지 몰라도 사역 현장에서는 아직도 다듬어야 할 부분이 많았다.

자기를 가르친 스승에게 교회의 직분을 앞세워 그렇게 면박을 주었다는 것은 시정되어야 한다고 생각되었다. 그리고 짧은 시간이지만 선교지에서 같이 생활하였던 나에게까지 자세를 굽히지 않는 모습에 나도 마음이 무척 실망해 있었다.

사실 이 선교사를 파송한 교회가 나에게 선교 후원비도 약속했던 터라 갈등이 있었지만 선교 후원비가 문제가 아니었다. 실력도 있는 젊은 신세대 선교사 후보생이 바른 길을 가도록 인도하는 일이 더 급했다.

며칠 지나서 파송 교회 목사님으로부터 전화가 왔다.

"그곳에서 무슨 스트라이크가 일어났다면서요?"

"예, 목사님 내일이라도 들어가서 말씀드리겠습니다."

"필요 없습니다. 그 선교사 후보생이 박 선교사에게 대접을 못했다고 치고 박 선교사는 나에게 선배 대우 하는 것이 이렇게 하는 것입니까?"

정신이 번쩍 들었다. 뭔가 잘못되어 가고 있는 듯 했다. 하지만 긴 이야기를 할 수 없어 오해를 풀 수가 없었다. 내가 욕을 먹고 말자고 생각했다. 나의 당시 생각으로서는 그 젊은 선교사 후보생이 자기 잘못을 분명히 깨닫는 것이 무엇보다 중요했다.

이제는 그렇게 이곳을 떠났던 선교사 후보생도 다시 교회가 지정한 사역지로 재 파송되어 훌륭하게 사역을 잘 감당하고 있다.

나는 믿는다. 그 목사님께서 이제는 동료들뿐만 아니라 선배들을 잘 대하면서 교회 직분을 떠나 스승은 스승으로 잘 대하고 타의 본이 되는 성직자로 성숙했다고 말이다. 나로서도 힘들고 어려운 선택을 했었는데 그 선택의 빛이 바래지 않았으면 한다.

25
도둑과의 전쟁

러시아에서 도둑과의 전쟁 이야기는 책 한 권을 써야 할 만큼 많다. 나도 예외는 아니었다. 내가 개인적으로 처음 도둑을 맞은 것은 어느 날 심방 때였다. 승용차로 한 성도의 집을 방문했다가 나오니 자동차에 붙은 장식용 글자들이 없어지고 자동차 백미러도 사라져 버렸다. 사방을 둘러봐도 아무도 보이지 않고 차에 붙은 장식만 귀신 같이 없어졌었다.

러시아에서는 맞벌이 부부가 많아 저녁에 심방을 하는 경우가 많다. 어느 날 저녁에 또 심방을 하고 나와 자동차 시동을 걸고 떠나려 하는데 기분이 이상했다. 승차하기 전에 자동차 타이어 옆에 뭔가 보였던 것 같아 내려서 바퀴를 살펴보니 타이어를 고정시키는 볼트가 4개가 빠져 있었다. 가슴이 철렁했다.

'또 당했구나.' 하는 불쾌한 마음을 달래며 뒤를 돌아보고 반대편을 돌아보는데 아뿔싸! 네 바퀴 모두 볼트가 풀려져 있었고 타이어 옆에는 시멘트 블록이 놓여 있었다. 블록을 차 밑에 고정시키고 바퀴를 빼 가려는 속셈이었다. 이 상태로 전진을 했더라면 몇 미터 못 가서 차는 주저앉았을 것이 뻔했다. 아니면 삐거덕거리며 운행하다가 차가 옆으로 굴러 대형 사고가 났거나……

자동차 도둑은 지금도 여전히 계속되고 옛날보다 더 대담해지고 있다. 전에는 차의 부속을 훔치던 정도였으나 이제는 자동차를 통째로 훔치는 일이 비일비재하다.

이랜드 그룹에서 1994년에 둘로스 선박을 통해서 러시아로 구호품을 보내 준 것이 있었다. 각 교회에 성도들 수대로 구호품을 주었는데 우리는 정부미 자루로 300명분을 받았다. 이 물건을 철판으로 만들어진 차고를 하나 빌려서 보관하고 철문에다가 자물쇠 3개를 위에 가운데 아래로 걸어 잠그고 아침저녁으로 확인했었다.

며칠이 지나 병원에 입원한 성도가 있어서 선물을 갖다 주려고 문을 여는 순간 내 눈을 의심했다. 물건이 하나도 없었다. 틀림없이 아침저녁으로 문을 늘 확인해 왔는데 안에는 아무것도 없었다. 더구나 열쇠는 나만 가지고 있었는데도 말이다. 세계적인 마술사 데이비드 카퍼필드가 나타나서 가져갔단 말인가?

안에 들어가서 자세히 살펴보니, 세상에 지붕의 철판 한쪽을 사람이 들어올 만큼 구멍 내고는 그곳으로 물건을 다 빼내 간 것이었다. 차고 안에는 미처 가져가지 못한 사다리 하나만 덩그러니 남아 있었다.

이곳에 물건이 있다는 것을 아는 사람은 나 외에 딱 두 사람이었다. 내 통역으로 일했던 김 블라지미르 선생과 당시 트럭을 운전했던 운전수이다. 김 선생은 날마다 나와 있었던 분이라 의심이 가지 않고, 결국 운전수였다.

며칠간 마음 고생을 했다. 그 자루는 한국 교회에서 정성들여 보내 준 각종 구호품이 가득 차 있는 종합선물세트 같은 것이었다. 생각만 해도 아깝고 혈압이 상승했다. 기도하는 가운데 성령님이 이런 위로를 주셨다.

"야! 네가 나누어 주나 도둑이 가져가서 이 땅에 사람들에게 돈 받고 나누어 주나 어차피 이 땅에 남을 것이니까 그만해라."

결국 포기하고 말았다. 교회를 건축할 때에도 도둑 때문에 경비를 세웠다. 그런데 아침이 되면 꼭 뭐가 없어지곤 했다. 경비가 잠깐 화장실을 갔다 오니 그 짧은 사이에 텔레비전이 없어지고 전기 곤로가 없어지거나, 하룻밤 사이에 건축 자재가 감쪽같이 사라지기도 했다. 나중에 알고 보니 경비가 도둑이었다.

그래서 경비를 바꾸었더니 이 경비도 마찬가지였다. 없어진 자재를 경비원 집에서 찾아온 적도 있었다. 화가 나서 따지듯이 물었다.

"왜 교회 물건이 너네 집에 있냐?"

"우리 집에도 필요해서요."

할 말이 없었다. 한번은 교회 건축 현장에서 일하던 운전수가 갑자기 사라졌다. 그가 운전하던 트럭도 보이지 않았다.

"어제 어디 간다는 말이 없었는데…, 친구 집에 갔다가 좀 늦나?"

아무리 기다려도 저녁 늦게까지 나타나지 않았다. 알만한 집으로 찾아다녀 봐도 아무도 몰랐다. 밤늦게까지 기다려 봤지만 허사였다. 다음 날 경찰에 실종 신고를 했다. 자동차는 한국 기아 트레이드 2.5톤 트럭이었다. 이틀이 지나 경찰서에서 연락이 왔다.

지금 트럭이 다른 도시로 넘어가다가 검문소 검문에 걸려 차량보관소에 보관되어 있으니 가 보라는 것이었다. 단숨에 달려가 보니 운전수인 지마가 멀쩡하게 자동차와 같이 나를 기다리고 있었다.

아주 반갑게 나를 맞이하며 "이분이 우리 목사님이십니다." 하고 나를 경찰에 소개시키기까지 하였다. 그러면서 경찰에게 아무 일도 아닌데 왜 자기를 붙잡아서 갈 길을 못 가게 하느냐며 오히려 화를 냈다.

나는 일단 아무 일도 아니었던 것으로 처리하고 자동차와 사람을 데리고 검문소를 나왔다. 나오면서 지마에게 물었다.

"무슨 일로 차를 몰고 이곳까지 와서 우리를 이렇게 고생시키는 것인가?"

"목사님 미안합니다. 사실 내가 여동생 집에 뭘 도와주려고 가는 길이었는데, 급하다 보니 목사님에게 미처 말씀을 못 드렸습니다."

입에 침도 안 바른 거짓말이 술술 나왔다. 자동차를 통째로 갖고 도망가던 참인데 경찰 검문에 걸려 뜻을 이루지 못했던 것이다.

누구에게 맡겨도 그놈이 그놈이라 차라리 여러 번 잘못한 사람을 혼내가며 일을 시키는 것이 낫겠다 싶어 지마를 운전사로 계속 고용했는데 나중에 지마는 못내 양심이 괴로웠는지 교회를 떠나 다른 곳으로 갔다.

러시아에 온 이후 어떤 물건을 얼마나 도둑맞았는지 아예 세지지도 않는다. 러시아 사람들도 자기들 물건을 수시로 도둑맞다 보니 자기들끼리 하는 말이 있다.

"누가 나보다 더 필요한 사람이 가져갔나 봐……."

아마도 오랫동안 공산주의 사회를 살아오다 보니 자기가 일하는 회사나 기관의 국가재산을 양심에 별 가책도 없이 자기 집으로 가져가는 일이 습관이 되어서 그렇지 않은가 생각된다.

교회 안에서도 빈번하게 도둑질이 발생했다. 교회 창고의 물건은 물론 본당 헌금함도 수시로 털리고, 한번은 대담하게 내 사무실에 들어와 컴퓨터와 키보드를 가져간 일도 있었다. 이런 일이 밤에 일어나는 것도 아니고 대낮에 사람들이 수시로 왔다 갔다 하는 중에 벌어지는 것이다.

더 이상 참으면 안 되겠다 싶어 경찰에 신고를 했다. 얼마 후 지났을까 범인이 잡혔다고 연락이 왔다. 경찰서에 가 보니 범인은 놀랍게도 교회에서 기타를 치며 찬양도 열심히 하던 안드레아라는 청년이었다. 누가 봐도 얌전하고 모범적인 아이였는데 야누스 같은 두 얼굴로 교회에 엄청난 손해를 끼친 것이다.

더 황당한 것은 나를 찾아온 부모의 태도였다.

"우리는 교회에 끼친 물질적인 손해를 갚을 능력이 없으니까 교회가 알아서 하고 싶은 대로 하세요."

한국적인 표현으로 말하면 "배 째라!"였다. 이 사건은 주 검찰로 넘어가 아이는 불구속 상태에서 재판이 열리게 되었다. 나는 법원의 출두 명령을 받고 배판이 열리는 법원으로 갔다. 재판 결과는 '혐의 없음'이었다. 나는 어처구니가 없어 재판장에게 질문했다.

"어떻게 여덟 번이나 도둑질을 하며 미화로 만오천 불에 달하는 손해를 끼친 아이가 무혐의가 됩니까?"

재판장이 덤덤하게 대답했다.

"이 아이는 미성년자이고, 초범입니다. 여덟 번이나 도둑질을 한 건 사실이지만, 도난을 당했을 때마다 신고하지 않고 이번에 한 번 신고한 것이므로 한 번의 도난사건으로 처리됩니다. 또 아이가 재산상의 손해를 끼쳤다곤 하지만 그 재산을 갚을 부동산이나 은행에 돈도 없으므로 무혐의 처리합니다."

"그러면 나는 누구에게 이 재산상의 손해를 호소해야 합니까?"

내 말에 재판장은 어깨 한번 으쓱하는 것으로 대신했다. 빨리 잊어 버려야 할 이 일이 오랫동안 내 마음을 괴롭히며 사역에 어려움을 준 것이 사실이다. 결국 이런 일에도 예수님이 약이었다. 어느 날 아침 기도하는 가운데 성령님께서 내 마음을 어루만지시며 하시는 말씀이었다.

"나는 목숨도 주지 않았니? 얼마라고? 그래서 어떻게 하겠다고? 빨리 마음잡고 일해라."

26
교회의 엄청난 난방비

교회를 건축하고 난 후 난방비에 대하여서는 좀 무관심했다. 교회 난방비와 아파트 난방비 가격을 같은 수준이라 생각하고는 그리 부담스럽게 생각하지 않았다.

그러나 러시아에서는 아파트 난방비는 평방으로 계산하지만 일반 사무실이나 기관은 부피로 계산한다. 그러니 교회 같은 경우는 천장이 3층 높이가 되다 보니 엄청난 금액이 산출되는 것이다. 게다가 공공건물은 금액 자체도 적용이 달라 아파트의 3배가 넘는 가격이 적용된다.

관리 사무소에서 난방비 청구서를 가지고 왔던 날, 나는 처음에는 숫자를 잘못 본 줄 알았다. 한 달 난방비가 미화로 계산하면 2천 달러에 가까운 금액이 청구되었던 것이다.

입당을 하고 1년을 그렇게 생각 없이 살다가 갑자기 날아온 청구서에 정신이 번쩍 들었다. 1년에 반은 난방을 해야 하는 추운 나라이므로 1년치 난방비를 계산하면 자그마치 만 이천 달러나 되는 것이었다.

나는 즉시 관리소장실에 찾아가 소장과 독대를 했다.

"소장님, 교회 헌금 좀 하십시오."

"아니 목사님, 내가 무슨 돈이 있어 교회에 헌금합니까?"

"우리 교회의 난방비를 받지 마십시오. 그러면 그것이 헌금한 것이나 같습니다."

"내가 공무원으로서 어떻게 난방비를 안 받습니까? 컴퓨터에 자료가 다 남기 때문에 내가 공금횡령으로 감옥에 갑니다."

"소장님! 언제까지 여기서 소장 생활 하는 것 아니잖아요. 소장님도 정년 60세가 되면 이 자리에서 물러납니다. 이 자리 계실 때에 아예 경리과 컴퓨터에 교회 이름을 지우세요. 그러면 청구할 일도 없고 자료도 없어 교회가 난방비 낼 일이 없잖아요?"

"어!. 목사님 그것 말 되네요."

관리소장은 경리부장을 방으로 오라고 하더니 이런 저런 설명도 없이 교회 이름을 컴퓨터에서 지우라고 지시했다. 향후 지불하게 될 엄청난 난방비가 절약되는 순간이었다.

그런데 미래의 난방비는 절약했지만 그때까지 쓴 난방비는 피할 수가 없었다. 당시 교회에는 건축할 때 사용했던 기아차 트럭이 하나 있었다. 나는 무조건 그 차를 끌고 가서 서류와 자동차 키를 소장 책상에 놓고 말했다.

"이 차로 우리 교회가 지불할 난방비를 대체해 보세요"

떼를 쓰는 거나 마찬가지 일이었다. 소장은 난처한 표정을 지었다.

"안 됩니다. 차는 가지고 가시고 돈으로 내십시오."

"돈은 없습니다. 그러니 차는 관리 사무소에서 필요하니까 쓰시고 빚이나 탕감하여 주십시오."

그렇게 얼마를 실랑이 했을까? 결국 소장님은 내 요구대로 해 주었다. 난방비에서 완전히 해방된 것이다. 이 일이 있고 난 후 10년 동안 우리 교회는 난방비 걱정 없이 겨울을 날 수 있었다. 계산을 해보자. 한 달에 2천 달러로 계산하면 일 년에 6개월을 내야 하니까 만이천 불이 된다. 10년이면 십이만 불이다. 2009년 3월 환율로 계산하면 120,000불 곱하기 1,350원 하면 1억 6천 2백만 원이나 된다.

관리소장의 배려로 교회가 큰 은혜를 입은 것이다. 그렇게 우리를 도와주신 소장님이 러시아 제2의 도시인 쌍 뻬쩨르부르그로 이사를 하셨다. 변변한 선물도 못했지만 그래도 가시는 분에게 기도를 해 드렸다.

"하나님을 위하여 남모르는 은혜를 베푸신 분입니다. 이분이 가는 길에 하나님이 앞서 인도하여 주시고 건강을 지켜 주세요."

나중에 안 사실이지만 이분은 심한 심장병을 앓고 있었다. 몇 번이고 심장 때문에 수술도 생각하다가 이제는 일선에서 물러나 조용한 도시에서 남은 생애를 사시겠다고 우리 도시를 떠나는 것이었다.

기회가 되면 언젠가 쌍 뻬째르부르그로 찾아가 옛날이야기를 해 보고 싶다. 그리고 당신이 어떤 일을 했는지 내가 자세히 들려 주고 싶다. 아마 하나님도 이 형제의 헌신을 기억하시리라 확신한다.

새로 부임하는 소장에게도 똑같은 방법으로 설득을 하려고 준비하고 기다리고 있었다. 관리소에서는 새 소장 부임과 동시에 교회로 난방비 청구가 시작되었다.

나는 새 소장을 찾아갔다. 그리고는 이제까지의 전례를 말하면서 같은 방법으로 도와줄 것을 사정했다. 그러나 이번 소장은 단호했다.

"만약에 지금부터라도 난방비를 내지 않으면 지난 10년치 전부를 소급해서 신청하겠습니다. 증인들도 있고 자료도 있습니다."

나의 호소가 먹히지 않았다. 그러나 그 비싼 난방비를 고스란히 물고 있을 수도 없었다. 이 새로운 소장과 줄다리기를 하는 가운데 시간은 일 년을 넘겨 난방비가 무려 이만 불이 넘어 버렸다.

교회에서는 우리도 더 이상 염치가 있으니 난방비를 낼 것은 내고 대신 중앙난방을 끊고 자체 난방으로 하자고 했다.

그러던 어느 날 우리 도시에서 사업을 하는 분이 나에게 찾아왔다. 이분은 한국의 어느 음료회사에서 주스를 수입하여 러시아로 공급하던 분이었다. 그런데 이 사람이 한국의 대리점에 돈을 맡겼는데 받지를 못한다고 나보고 전화를 부탁했다.

이 러시아 사람이 한국 사람에게 맡긴 돈은 자기들이 외국에 가서 쉴 때 사용하려는 비자금으로 생각되었다. 그 금액이 약 2억에 가까운 돈이었다. 이 돈을 받을 수 있도록 내가 전화를 해 달라는 것이다.

얼마 후, 나는 마침 한국에 총신대학교와 미국 개혁신학교와 협력으로 개설한 박사 과정 계절 학기를 듣기 위하여 한국에 들어가게 되었다. 나는 총신대에서 공부하던 중에 음료회사로 전화를 드렸다.

"K사장님이세요? 러시아의 제냐가 보내서 왔습니다."

"아 그러세요? 내가 지금 그리로 가겠습니다."

러시아에서 제냐가 보냈다는 말에 더 묻지도 않고 바로 찾아오겠다고 했다.

오전 수업이 끝났는데 점심시간에 K사장이 사당동 총신대로 찾아오셨다. 이 분은 내가 목사인 것을 알면서도 부들부들 떨면서 학교 로비에서 나를 기다리고 있었다. 자기가 잘못한 것이 있는데다 나를 보낸 사람들이 마피아 중에서도 가장 무서운 그룹의 사람이었기 때문이었다.

우리는 3천 5백 원 하는 신학교 구내식당에서 점심을 먹으면서 이야기를 나누었다. K사장은 돈이 없으니 가정용 스토브로 대신 납품하면 안 되겠느냐고 물었다.

"나는 아무 권한이 없습니다. 그러니 러시아 담당자에게 문의합시다."

K사장 핸드폰으로 그 자리에서 러시아로 전화를 했다. 러시아에서는 "쌀을 주든, 어떤 물건으로 주든 괜찮다"고 했다.

그렇게 해서 간단히 밀린 돈을 물품으로 받는 것으로 매듭지어졌다. 공부를 끝내고 다시 러시아로 돌아온 어느 날 나에게 전화를 부탁했던 제냐가 찾아왔다. 그가 몰고 온 트럭에는 한국에서 러시아로 보낸 스토브가 가득 실려 있었다. 뭐냐고 물었더니 내가 못 받을 돈을 받게 해 준 것에 대한 사례라고 했다.

기분이 묘했다. 이것이라도 팔아서 난방비를 내자는 생각이 들었다. 그렇게 받은 스토브를 가전제품을 담당하는 분들에게 인수해 가라고 했더니 정확하게 난방비를 낼 돈이 나왔다.

나호드까 교회의 중앙난방 시대는 이렇게 막을 내렸다. 그 이후로는 새벽에 일어나서 나무 땔감과 석탄으로 추운 교회를 데우고 있다. 새벽에 일어나서 난방을 할 때마다 우리는 얼마나 봄을 기다리는지 모른다.

1년 중 6개월을 그렇게 봄을 기다리다가 다시 가을이 되어 겨울이 다가올 때면 모든 것을 자연 순리에 맡기고 다시 긴 기다림이 시작

된다. 밤이 깊을수록 새벽은 가까워 오듯이 그렇게 우리는 매년 난방이

필요 없는 봄을 기다린다.

27
어느 치과의사 부부의 이야기

우리 교회에 치과의사 부부가 출석했었다. 그런데 어느 날 평일이었는데, 부인은 보이지 않고 텅 빈 교회에 남자 의사 혼자 넋 나간 사람처럼 앉아서 울고만 있었다.

"무슨 일이세요?"

사정을 물었더니 부인이 자기와 이혼을 하고 다른 남자에게 갔다는 것이다. 그러면서 "어떻게 해야 돌아올 수 있겠습니까?" 하고 나에게 하소연을 했다. 어떻게 해야 하는지 나도 도무지 생각이 나지 않았다.

도대체 누구하고 그렇게 되었냐고 물었다. 돌아온 대답은 황당했다. 우리 도시에서 제일 큰 마피아 조직의 보스가 어느 날 치과로 치료를 받으러 왔다가 자기 아내를 보고 마음에 들어 하더니 자기와 이혼을 시키고 데리고 갔다는 것이었다. 그게 벌써 한참 전이어서 치과는 문을 닫고 남자는 이렇게 방황하면서 눈물로 세월만 보내고 있었다.

자세한 내용은 나중에 안 사실이지만 이 부부에게는 여자 쪽에서 데리고 온 여자 아이가 있었다. 그런데 이 부부 사이에서 낳은 아이는 없어 여자 의사는 끈질기게 아이를 낳자고 졸랐으나 남자가 반대했다는 것이다. 우리가 먹고 살기도 어려운데 왜 아이를 또 낳아서 고생하느냐며 반대했다는 것이다.

그런데 여의사는 다른 남자에게 가서는 벌써 배가 불러있다는 것이다. 여자로서 아이에 대한 욕심이 많아서 그런지 자기가 그렇게 원했던 아기를 또 임신한 것이다.

일단은 여자를 데려 갔다는 남자를 만나 보기로 하고 전화를 했다. 만나기로 한 날 아침에 사무실에 들어서는데 웬 남자가 보스에게 피를 흘리며 구두 발에 차이고 있었다. 내가 온다는 말에 시청각 교육을 보여 주려고 하는지 사무실은 난장판이었다.

"다친 사람 데리고 가서 치료를 시키시오. 나와 단둘이 이야기합시다."

식식거리던 보스는 내가 자리에 앉자마자 다짜고짜 화를 내며 말했다.

"목사님은 설교만 하면 되지 왜 이렇게 남의 가정사에 끼어들어 사무실까지 찾아옵니까? 도대체 뭘 어쩌겠다는 거요?"

맞는 말이었다. 남의 부부가 헤어지고 말고 하는 일에 내가 끼어들 것은 없었다. 하지만 그것은 그 사람 수준에서의 생각이다. 목회라는 것은 요람에서 무덤까지 성도들을 돌봐 주는 일이라는 것이 내 생각이다. 교회 안에서 설교만 하는 것이 사역이 아니다.

"차라도 한 잔 주시지요?"

나는 차를 부탁하면서 상대방의 기분이 가라앉기를 기다렸다. 차를 마시며 내가 이야기를 꺼냈다. 마피아 보스라지만 여의사를 강제로 납치해 간 것은 아니므로 내가 할 말은 별로 없었다. 나는 그저 전 남편이 매우 낙심하고 있다는 것을 말해 주고, 여의사는 잘 지내고 있는지 등을 확인했다. 그리고 말했다.

"한번 이혼시키고 시작한 새 결혼 생활이라면 여자 분을 끝까지 책임을 지십시오."

그러자 보스가 거칠게 툭 말했다.

"아니요. 나는 나이 육십이 되면 이 여자 버리고 새 장가 갈 것입니다."

내 일 내가 알아서 하니 관여하지 말라는 이야기였다. 하지만 처음의 식식거리는 태도는 많이 가라앉아 있었다.

나는 차분하게 다시 말했다.

"그러면 뱃속에 아이는 아버지 없는 아이가 되어서 세상 사람들에게 업신여김을 받으며 살 텐데요? 당신의 아이가 그렇게 살아도 괜찮습니까? 이 여의사 분은 당신이 마음에 들어 선택한 사람 아닌가요. 당신이 이런 생각을 하고 있는 것을 알면 여자 분은 행복하겠어요?"

내 말을 듣고 있던 남자가 갑자기 어두운 표정이 되었다. 눈가에 눈물도 고이고 있었다. 그 갑작스러운 변화에 내가 빤히 바라보고 있자 남자가 자기의 성장 과정을 주절주절 이야기하기 시작했다. 나는 귀 기울여 들었다. 남자는 중간 중간 걸려오는 전화나 사람들을 다 무시하면서 자기 이야기를 계속했다. 깊은 회한이 어린 표정이었다.

듣고 보니 이런 이야기였다. 남자는 어릴 때 아버지와 어머니가 이혼을 하고 홀어머니 밑에서 자라면서 사회에 대한 악한 감정이 뼈 속까지 묻혀 있다고 했다. 그리고 자기는 아버지 없는 아이의 성장이 얼마나 가슴 아픈 일인지 알고 있다고 했다. 그 말을 할 때는 주르르 눈물도 흘렸다. 저 무서운 남자의 안에도 슬픈 과거와 자기 나름의 이유는 다 있었다. 내가 조용히 말했다.

"이제는 아이도, 아이 엄마도 끝까지 책임지시고 다니던 교회도 끝까지 잘 다니도록 반대하지 마시고 교회로 보내십시오."

"난 반대한 일이 없습니다. 자기가 원하면 언제든지 가도 괜찮습니다."

"그럼 난 하고 싶은 이야기 다 했으니 갑니다."

이 일 이후로 여의사는 다시 교회에 나왔다. 그리고 전 남편은 어디론가 떠나 버렸다. 그리고 여의사와 새 남편 사이에 낳은 아이는 세월이 흘러 우리 교회 주일학교에 다니고 있고, 동생들도 생겨서 세 명이 함께 성실하게 주일학교를 출석하고 있다. 아이의 아버지는 물론 교회에 나오지 않았지만 나하고는 어느 정도 가까운 사이가 되었다. 어느 날 아이 아버지 집에서 같이 사우나를 하는데 그가 나에게 말했다.

"목사님이 교회에서 잘 못 가르치는 것이 있습니다. 아이가 집에 와서 노래를 부르는데 '주는 나를 기르시는 목자요 나는 주님의 귀한 어린양……' 이런 노래를 하던데, 내가 아이의 목자고 먹이고 입히는데 왜 하나님이 목자라고 가르치십니까? 잘못되었습니다."

"그것은 그 아이의 인생 전체에서 하나님이 목자라는 것이고, 집에서야 당연히 아버지가 아이들이 따라야 할 목자지요."

워낙 이상한 질문을 해서 나도 대답이 맞았는지 안 맞았는지 모르지만 일단 그렇게 말했다. 그랬더니 남자가 갑자기 아랫도리를 수건으로 가리더니 아이를 사우나실로 데리고 왔다. 그리고는 내가 자기에게 한 이야기를 다시 해 달라고 부탁했다. 나는 아이에게 말했다.

"네 인생에 목자는 누구? 주님이시지? 맞다. 그리고 집에서는 말이다. 아버지가 목자란다. 집에 오면 아버지 말씀을 잘 듣고 목자로 잘 따라야 한다. 알았지?"

영문도 모르던 아이는 내 말에 큰소리로 "네!" 하고 대답을 했다. 남자는 그제야 안심한 표정이 되면서 아이를 밖으로 내보냈다. 그때 사우나 실에서 내가 다른 부탁을 했다.

"아내에게 자기 전공을 살려 치과를 계속하도록 허락해 주십시오."

"목사님, 우리 돈 많습니다. 필요 없습니다."

"사람은 돈으로 사는 것이 아니라 일을 통해서 성취감을 느끼기도 하고 사람들과 교제도 이루어집니다. 부인께서 일을 하면 정신적으로도 더 건강해질 겁니다."

"그것은 다음에 생각해 보기로 하고 오늘은 사우나나 합시다."

그렇게 시간이 흘러 지금 아이 엄마는 세 명의 엄마가 되었다. 네 명째는 수술로 아이를 낳으려고 하다가 사생아를 낳고 말았다. 그 후로는 더 이상 출산이 어려워졌다. 사생아를 낳고 실망에 빠져 있을 때에 내가 병원으로 심방을 갔었다.

"세상의 많은 아이들 가운데 장애자로 태어나서 살아가는 아이들도 많습니다. 사생아로 낳은 아이가 만약 장애자로 태어나서 고생한다면 얼마나 마음이 아픈 일이겠어요? 이제는 장애자 아이들에게 남다른 관심을 가지고 죽은 아이에게 한다 생각하고 도우세요."

대답할 힘도 없던 자매는 눈물을 훔치며 고개만 끄덕이는 것으로 대답을 대신했다.

현재 여의사는 남편이 허락을 해 주어 반듯한 자기 개인 치과 병원을 운영하고 있다. 이 부부가 사는 집은 우리 지방에서 제일 큰 집이다. 집 울타리 안에 테니스 코트와 집안에 수영장이 있는 어마 어마한 집에 살면서 여자는 조금씩 안정을 찾아가고 있다.

네 명의 아이들은 주일이면 교회에 출석하여 하나님의 말씀으로 양육받고 있다. 그리고 아이들의 아버지는 조금씩 정상적인 기업인으로 활동하고 있다.

28
제자의 반란

선교지에서 가장 큰 숙제는 현지인들에게 우리가 하는 사역을 넘기는 일이다. 선교 사역의 완성은 그렇게 현지인 제자들을 배출하여 그들 스스로 사역을 이어가게 하는 것이다.

선교지마다 동일한 것 하나는, 현지인들에게 선교사가 같이 사역을 하자고 하면 자기들에게 평생 직업이 주어졌다고 생각한다는 사실이다. 월급의 지불 보증이 확실하니까 좋은 직장을 얻는 셈인 것이다.

그러니 선교사로서 현지인을 채용할 경우엔 당연히 그들의 복음에 대한 열정과 사명이 중요하다. 직원을 채용하는 것이 아니라 사역의 동반자를 만드는 일이기 때문이다. 학력이나 경력이 화려하지만 복음에 대한 열정과 사명이 없으면 선교사에게는 이 현지인 사역자가 골칫

덩어리가 되고 만다. 오랜 시간 동안 서로가 시달리며 소득은 없이 무성한 구설수만 만들고 만다.

내가 처음 선교지에서 사역을 시작할 시점에 반듯한 청년이 교회에 출석하였다. 영어로 자기표현도 잘 하고 교회에도 매주 출석하는 청년이었다.

상담을 하는 중에 어떻게 교회에 나오게 되었는지 알게 되었다. 해양대학교 출신으로 배에서 선장으로 생활하다가 집에 와 보니 친구들이 대낮에 권총사건으로 죽거나 감옥에 갔다는 것이다. 그러자 삶에 회의를 느끼며 무력감에 빠진 아들을 어머니가 전도하여 교회로 인도한 것이다.

선원 생활이라는 것이 일 년에 6개월은 바다에서 일하다가 6개월은 집에서 쉬면서 다음 행선지를 기다리는 생활이다. 이 형제가 다음 행선지를 기다리며 집에서 쉴 때에 나는 신학을 공부하여서 목회자의 길로 가 볼 것을 권면했다.

세상에서 마약도 해 보고 주먹으로 어둠의 생활도 경험했고, 선장으로서 회사 생활도 해 본 사람이니까 객관성이 있으리라는 생각이 있었다. 그리고 매주 교회에 열심히 출석하는 모습에서 믿음이 갔었다.

청년은 자기 어머니와 상의한 후에 나를 찾아왔다. 자기도 성직자의 길을 걸어 보겠다고 했다. 이 청년은 얼마 후에 나호드까 신학교에 입학하였다. 1회 입학생이었다.

    신학교는 2년제로 공부하였는데, 나는 중간 중간에 수요일이나 주일 오후에 설교를 시켜 보았다. 제법 성경 본문에 근거하여 설교를 잘했다. 그리고 칼빈주의 신학으로 본인의 신앙이 자리를 잘 잡았다.

    그런데 2학년으로 졸업하기 얼마 전에 한숨을 내쉬며 교회로 나를 찾아 왔다.

    "목사님! 나는 졸업하면 뭘 하지요?"

    충격적인 질문이었다.

    "아니, 나하고 복음을 전하며 전도자로 살아가야지 무슨 소리 하는 거니?"

지금은 훌륭한 사역자로 세워진 에두아르드 목사님과 교회 모습

이 청년이 신학교를 졸업하고 조금씩 교회에 적응해 가고 있을 때에 청년들과 모여 교회 담장을 쌓아야 할 일이 있었다. 나도 교회 청년들과 함께 담장을 쌓으려고 삽을 들고 열심히 일을 하는데 이 청년은 자기와 친한 교회 형제와 함께 식당에서 커피를 마시며 나오지 않는 것이다. 나는 참으면서 한 시간 가까이 기다렸다. 그래도 안 나오기에 안에 있는 두 사람을 불러냈다.

"일을 하려면 같이 하고 아니면 집으로 가는 것이 좋겠다. 다른 사람은 열심히 일하는데 커피 타임을 그렇게 길게 하면 밖에서 일하는 우리는 맥 빠지지 않니?"

청년은 갑자기 들고 있던 삽을 땅에 집어던지며 눈을 부라렸다.

"우리가 무슨 목사님 종인줄 아세요? 언제까지 우리 러시아 사람을 이렇게 부려 먹으려고 합니까? 난 한국 사람 종으로 살고 싶지 않습니다."

침을 땅에 탁 뱉으며 한참이나 뭐라고 쏟아내던 청년은 화가 안 풀린 상태에서 교회 밖으로 나가고 말았다. 순간적으로 일어난 일이라 나도 당황했다. 그러나 이 순간에 리더십을 잡지 못하면 앞으로 이들과 같이 일하기 힘들 것이라는 생각이 들었다. 같이 커피를 마시던 형제에게 물었다.

"너도 같이 집으로 갈래?"

"아니요, 난 일하겠습니다."

"자, 그럼 갈 사람은 갔고 남은 사람들은 일이나 합시다."

누구도 말없이 일만 했다. 그렇게 몇 주가 흘러 우리는 이 형제가 교회를 아주 떠난 것으로 생각했다. 그런데 어느 날 이 형제가 눈물을 흘리며 교회로 찾아와서는 나에게 와락 안기는 것이 아닌가. 왜 그러느냐며 자초지종을 묻자 어제 자기 아들이 죽었다는 것이었다.

"이제 겨우 열일곱 살인 아이가 왜? 대체 무슨 일로 죽었다는 거야?"

"친구들하고 마약을 하다가 과다 복용으로 심장마비로 죽었습니다."

나도 교회 직원들도 할 말을 잃었다. 더 두려웠던 것은 '주의 종인 나에게 달려든 일로 하나님이 이 가정에 장남을 치신 것은 아닐까?' 하는 두려움이었다.

일단은 교회에서 장례를 치러 줄 테니까 집으로 가라고 했다. 장례가 끝나자 형제는 아무 일도 없었던 것처럼 교회에 다시 출석하였다. 변한 것이 있다면 그렇게 기세등등하던 형제가 아들을 잃고 교회에 다시 오면서부터는 조금은 성질이 죽어 있었다. 그러나 드센 기질과 성격은 여전했다.

이 친구를 이렇게 방치하면 안 되겠다 싶어 시간이 지난 얼마 후에 우리 교회가 관리하며 개척을 시작한 시골 교회로 보냈다. 독립적으로 교회를 시작하면 뭔가 교회에 대한 생각이나 사명감도 더 일어나지 않을까 해서였다.

　현재 이 형제는 목사로서 안수를 받고 성실하게 사역하고 있다. 그러나 나를 들이받던 그 거친 기질은 여전하여 마음 한 곳이 늘 편하지 않다. 부디 자기 성격을 잘 관리하여 성도들을 잘 돌보는 선한 목자로 성장해 가기만을 기도해 줄 뿐이다.

29
윗집 청년의 폭력

일주일 넘게 부엌에서 음식을 준비 못하고 있었다. 윗집에서 수도가 고장이 났는지 계속 물이 떨어져 부엌의 전자레인지와 싱크대 위에 작은 용기를 놓고 물을 받아내며 지냈다.

원래 윗집에는 고려인이 살아서 우리와 매우 화목하게 지냈는데 어느 날 러시아 사람이 들어오고부터는 우리에게 늘 불편을 주고 있었다. 이번에도 세들어 사는 러시아인이 차를 산다고 일본을 가는 바람에 빈집에서 수도가 고장이 나 계속 물이 떨어지고 있었다.

어느 날 밤에 그렇게 기다리던 사람이 왔는지 인기척이 들리기에 올라가 보았다. 음악을 크게 틀어 놓고 듣고 있던 청년은 키가 얼마나 큰지 1미터 90센티미터는 될 듯싶었고 덩치 또한 장대했다.

"밑에서 물이 새고 있습니다. 부엌인데 수도 좀 확인해 보시고 고장 났으면 좀 고쳐 주시겠습니까?"

"야! 너, 중국 놈이야 고려인이야? 왜 사람 사는데 이렇게 귀찮게 굴어."

퍽퍽!! 순식간에 얼굴로 주먹이 날아왔다. 갑자기 욕설에 폭력까지 그냥 당하고 말았다. 그래도 정신을 차리고 다시 부탁을 했다.

"지금 이 주 가까이 집에 물이 새서 밥을 못하고 있습니다. 수도를 좀 고쳐 주세요."

"야, 이 새끼야 와서 봐. 어디서 물이 샌다고 야단이야?"

집에 들어가 보니 의외로 부엌 바닥은 깨끗했었다.

'그럼 물은 어디에서 샌단 말인가?'

그러나 자세히 보니 수도 이음새에서 물이 떨어지고 있었다.

"이것 보세요, 물이 새지 않습니까?"

"야, 이 새끼야! 이것은 관리 사무소에서 할 일이지. 왜 내가 해야돼? 할 말 있으면 관리 사무소에나 가서 이야기해."

"수도는 수도고, 손찌검 한 것에 대한 일은 경찰서에 가서 이야기하겠습니다."

"좋아 임마, 너 마음대로 해."

욕설에 폭력까지 당하고 나니까 마음이 계속 불편했었다. 집에 와서 생각했다.

'저 놈을 마피아에게 이야기해서 혼내 줄까? 아니면 경찰에게 알려서 혼내 줄까? 아니면 법으로 고소를 할까?'

일단 파이프에 물이 새는 것은 집주인이 처리해야 할 일이므로 집주인에게 갔다.

"세 사는 사람이 왔습니다. 어떻게 수도를 좀 고쳐 보시지요. 그리고 왜 나에게 폭력을 행사합니까? 내일 경찰서에 가서 폭력으로 신고를 할 것이니 그렇게 아십시오."

"네? 아니 목사님에게 폭력을 행사했다고요? 이놈이 혼나야 될 놈이네. 목사님 가만히 계십시오. 내가 친구와 가서 혼내겠습니다."

"아니 그러면 시끄럽고, 수도나 고쳐주십시오."

"아닙니다. 이 새끼가 어디에서 성직자에게 손찌검을 하고 그럽니까? 혼을 내야 됩니다."

일단 고장난 수도를 고치기 위해 셋이서 윗집으로 찾아 갔더니 조금 전까지만 해도 있던 사람이 보이지 않았다. 할 수 없이 밖에서 어떤 일이 있었는지를 다시 이야기 나누고 있었는데 세를 사는 사람이 아파트 저쪽에서 걸어왔다. 험하게 생긴 주인집 친구가 세 사는 사람에게 질문을 퍼부었다.

"야, 네가 목사님에게 폭력을 가했냐?"

말하는 태도에서 벌써 겁을 먹었는지 윗집 청년은 기가 죽어 있었다.

"예, 미안합니다."

"너 이 분이 목사님이신 것을 알았냐 몰랐냐?"

"예. 알고 있습니다."

"그런데 어떻게 성직자에게 손찌검을 해? 당장 목사님께 사과를 드려."

"목사님, 죄송합니다. 잘못했습니다."

"이 새끼가 어디 폭력을 행사하고 말로만 죄송하다고?"

주인집 친구가 주먹을 날렸다. 순간에 일어나는 일이라 말릴 경황도 없었다. 그 큰 골리앗 같은 남자는 갑자기 날아온 주먹을 맞고는 서있는 상태에서 그대로 넘어졌다. 그 큰 사람이 시멘트 바닥에 퍽하고 쓰러지더니 아무 반응이 없었다. 혹시 뇌진탕으로 죽은 것은 아닐까 생각했다. 주인집 친구가 청년을 잡아 일으켜 세웠다.

"일어나 이 새끼야. 미안해? 그래 나도 미안하다. 이렇게 때리고 미안하다고 말만 하면 되지?"

"잘못했습니다."

맞은 사람은 코와 입에서 피가 나오면서 얼굴이 피로 범벅이 되어버렸다. 사건이 이렇게 커지리라고는 생각하지 못했었다. 내가 나섰다.

"수도만 고쳐 주면 되는 일인데 왜들 이렇게 일을 크게 만드시오? 그만하십시오."

집주인 친구가 말했다.

"그래, 이제 정리가 됐냐? 너도 때리고 맞았으니 됐지?"

"예 예 예……."

"야, 손 내밀어 그럼 악수하고 우리는 이제 이 일을 잊는 거야."

"예 예 예……."

나는 청년과 악수를 하고 일단 좋은 모습으로 헤어졌다. 그러나 밤새 마음이 불편했다. 그리고 정말이지 이런 나라에서 계속 살아야 되는지 회의가 밀려오기도 했다.

치안도 불안한 이런 무법천지에서 과연 언제까지 살아야 되나. 12년을 살아도 정이 들지 않는 나라에서 내가 해야 될 일이 있단 말인가? 가장 가까운 이웃이 목사를 우습게 생각하고 폭력을 행사하다니….

예수님은 선교한다고 오셔서 33년은 사셨는데 나도 33년을 하려면 얼마나 남았나? 계산해 봤더니 너무나 많이 남아 아찔했다. 이렇게 영적으로 망가진 나라니까 선교사가 더 필요한 나라가 아닌가? 하고 생각해 봤다. 그래도 마음은 쉽게 정리가 되지 않았다. 정말 마음이 어수선한 밤이었다.

당시 아들 은석이는 하교 길에 학교 앞 횡단보도에서 경찰이 운전한 차에 교통사고로 다리가 부러져서 병원에서 기부스를 하고 누워 있었다. 집에서는 물이 새고, 나는 미안하다는 말은커녕 얻어맞고 있으니…. 이것이 우리가 처한 선교 현장 모습이다.

30

권총으로 위협 당하다

새벽 2시, 교회에서 설교를 준비하다가 잠이 들었는데 전화벨이 울렸다.

"신문에 난 광고를 보고 전화를 드립니다. 잃어버린 북한 분의 여권을 찾으십니까?"

"예."

"찾으시는 여권이 저에게 있습니다. 얼마를 사례하시겠습니까?"

"여권을 갖고 계신 분이 먼저 얼마 드려야 줄 수 있는지 말씀하시지요?"

"천 달러면 되겠습니까?"

"아니요. 사실 난 잃어버린 당사자가 아닙니다. 잃어버린 분의 말을 들었는데 약 300불을 준비했다고 들었습니다."

"그러면 400불로 합시다. 그런데 내가 내일 새벽에 이틀 동안 출
장을 갑니다. 오늘 밤에 이 여권을 전해 주고 돈을 받고 싶습니다."

"좋습니다. 이름이 뭐지요?"

"예, 세르게이입니다."

"아, 세르게이 좋습니다. 그럼 제가 교회에 있으니까 교회로 오시
지요."

"아니요. 교회에서 여러 명이 돈을 주지 않고 여권만 뺏으면 나만
손해니까 우리 둘이서 다른 곳에서 만나 일대일로 교환합시다."

"어디에서 만날까요?"

"문화회관 광장으로 나오세요."

"좋습니다."

비가 주룩주룩 오는 새벽 3시. 문화회관 광장은 술에 취해 떠드는
청년들로 어수선했다. 비까지 오는 밤에 내 앞에 갑자가 선글라스를 낀
청년이 나타났다. 직감적으로 그가 세르게이인 것을 알았다. 그가 주변
을 두리번거리며 나에게로 다가왔다.

"세르게이?"

"예."

"여권을 가지고 오셨습니까?"

평화로워 보이는 낮과는 대조적으로 밤이 되면 우범지역으로 변하는
나호드까 문화회관 광장. 이 광장에서 나는 권총의 위협을 받았다.

"가지고 왔지요. 그럼 먼저 돈을 보여 주시오."

"약속한 400불 여기 있습니다. 그럼 여권도 보여 주시지요."

그의 손이 주머니로 들어갔다 나올 때, 거기엔 여권이 아니라 권
총이 들려 있었다. 그 권총이 정면으로 나를 겨냥했다.

"돈을 바닥에 던져요."

순간 뭔가 잘못되었구나 하는 생각과 함께 아프가니스탄에서 희
생당하였던 분들도 생각이 나고, 세상이 참 이렇게 허무하게 끝날 수도
있다는 생각 등으로 머리가 복잡해지기 시작했다.

저녁에는 필리핀에서는 교회 목사님과 사모님, 부목사님 등 십여 명이 교통사고로 절벽 아래로 떨어져 사망했다는 소식을 인터넷에서 보고 온 터였다. '그런데 나는 오늘 밤 총 맞아 죽는구나……'

총이 장전되는 철커덕 하는 소리가 들렸다. 청년은 계속 나에게 명령했다.

"돈을 내려놓으시죠."

죽을 때 죽더라도 내 할 말이나 하자는 생각에 권총 앞에서 반문했다.

"먼저 여권을 보여 주시지요. 우리의 거래는 여권과 돈을 교환하는 것 아닙니까?"

"여권은 차에 있습니다. 가지고 올 데니까 먼저 돈을 던지시지요."

어두움 가운데서도 느낌으로 와 닿는 것이 있었다. 청년은 마약에 찌들어 있어 매우 피곤한 상태에서 떨며 서 있었다. 청년이 갑자기 엉뚱한 질문을 나에게 던졌다.

"어디서 일하지요?"

"교회에서 목사로 일하고 있습니다."

"나도 교회를 다녔고 그 교회 목사는 박광배인데 당신은 누구세요?"

"내가 박광배 목사입니다. 그런데 언제 교회를 다니셨나요?"

"아니요. 내가 아는 목사는 분명 박광배 목사입니다."

질문에는 답을 하지 않고 자기 말만 늘어놓는 것이었다. 나는 주머니에서 명함을 꺼냈다.

"내가 이 사람이지 않습니까? 이 교회가 우리 교회 맞지요? 내가 박광배구요. 똑바로 보세요."

"아니요. 난 박광배 목사를 압니다."

내 이름은 어떻게 아는지 몰라도 나를 모르는 청년이었다.

나는 청년을 똑바로 바라보며 말했다.

"여권을 가지고 오지 않았으니 난 가겠습니다. 그 여권은 내 여권도 아닙니다. 우리 교회에서 일하던 북한 분의 것으로서 내가 좋은 의도에서 도와 드리려고 나왔습니다."

그렇게 걸음을 몇 걸음 걷는 순간 등 뒤에서 다시 권총을 장진하는 소리가 들렸다.

"한 걸음만 더 뛰면 방아쇠 당깁니다. 돌아서세요."

걸음을 돌이켜 그에게 다가갔더니 뒷걸음질하며 물러섰다.

"여권을 보여 주세요. 그러면 내가 돈을 드리고 당신은 돈 받아 가는 것입니다."

"좋습니다. 여권이 차에 있으니 차로 갑시다."

"가지고 오세요."

"아니요. 앞장서면 내가 뒤 따라 갈 것입니다."

꼭 납치당해서 어디로 끌려가는 기분이었다. 차는 어둑한 곳에 서 있었다. 청년은 더 어두운 골목길 깊은 곳으로 나를 유인했다. 다시 마음을 가다듬고 차분히 말했다.

"여권을 가지고 오세요."

"돈을 길에 던지세요. 그러면 여권을 가지고 오겠습니다."

"아니요. 이것은 거래가 아니지요. 여권과 돈을 교환하기로 한 거래에 난 아직 여권을 보지도 못했습니다."

"내가 이런 일에 여러 번 속아서 그런데 먼저 돈을 주세요. 그러면 내가 여권을 갖다 드리지요."

"그러면 난 가겠습니다."

돌아서 몇 걸음 걷자 청년이 다시 소리쳤다.

"목사님, 불행을 자초하십니까? 제자리 멈추세요."

어느새 주변 어두움 속에서 세 명의 다른 사람이 나타나 나를 둘러쌌다. 순간 4백 달러 때문에 사고를 만들지 말고 포기하자는 생각이 들었다. 나는 돈을 손에 들고 그에게 주려고 다가갔다.

"오지 마세요. 돈을 바닥에 던지고 떨어지세요."

400달러를 바닥에 던졌다. 그리고 몇 걸음 뒤로 물러서자 청년은 돈을 손에 쥐더니 조심스레 사방으로 둘러보며 전화를 하기 시작했다.

'아 이렇게 여권을 주기는 주는 모양이구나.' 하는 생각이 들었다. 그러나 아니었다. 청년들은 차에 올라탔고, 즉시 시동이 걸리면서 차는 쏜살같이 달려 사라져버렸다.

나호드까 경찰서가 불과 100미터도 안 되는 위치에서 일어난 한밤의 사건이었다. 교회로 돌아와 마음을 달래보려고 했지만 아무 일도 손에 잡히지 않았다. 분실한 서류나 여권도 없으면서 있다고 전화로 유인해 권총으로 협박하여 돈만 빼앗아 달아나는 신종 러시아 사기사건이었다.

생명의 위험 속에서 살아났다는 안도감보다도 한밤중에 혼자 남의 여권을 받아 주겠다고 으슥한 곳까지 따라간 내가 정말 미쳤었다는 생각이 들었다. 뭐에 홀린 기분이었다.

그날의 권총 장전 소리가 지금도 귓전에 쟁쟁하게 들리는 듯하다. 내가 살아 있는 것이 믿어지지도 않고 위험에 노출된 이 사역지가 더욱 낯설어진다.

그래도 이 땅이 은총의 땅이 되기를 나는 얼마나 기도했던가. 지금도 이렇게 기도한다.

"주님! 복음으로 온 땅에 영향을 끼치는 나라가 되게 해 주세요. 복음으로 지금의 아픔을 과거의 이야기로 이야기하는 날이 오는 나라가 되게 해 주세요. 예수님 이름으로 기도드립니다. 아멘."

31
그때 그 사람들

러시아에서 고려인으로서는 처음 만났던 양기율 선생님. 내가 그분을 만난 것은 1991년 하바로프스크에서였다. 러시아에 도착해서 파송지인 나호드까를 가기 위해서 중간 도시에서 만난 분이다.

내가 처음 들어가 본 러시아 가정이 양 선생이 사는 집이었다. 어색하게만 느껴졌던 러시아 가정. 양 선생 가족은 고려인이라서 외모는 우리와 같은데 러시아 말이 유창하여 주눅이 들었었다. 그때 대학생이던 딸은 벌써 결혼하여 딸을 낳아 민이 엄마가 되었다. 남편은 목사 안수를 받고 중국 내에서 사역하고 있다. 그 양 선생 집은 남일우 선교사를 만나 사위 목사도 맞이하게 되었고 온 가족이 신앙생활하는 집으로 축복을 받았다. 양 선생은 지금도 나호드까로 출장오면 꼭 우리 교회에서 예배를 드린다. 1991년 러시아는 나에게 회색 빛 도시로 느껴졌다. 지금도 가을이 되면 을씨년스럽기만 하다. 한국 가을 날씨에서는 느끼지 못하는 쌀쌀한 날씨가 시작된다.

러시아 생활 초기, 어려운 살림에 무엇을 살까 가게에서 기웃거리는 러시아인들 틈에서 미화를 루불로 환전하고 있으면 달러가 힘이 있던 시절이라 공연히 어깨가 으쓱해지기도 했었다. 거리에 차가 없어 너무나 한가하게 느껴져 한국에 있던 아내에게 "여보. 여기는 차도 없고 당신 같이 초보도 마음껏 운전하겠다."라고 한국에서 고민하던 아내를 설득시키던 시절이기도 했다. 촌놈 눈에 늘씬한 서양 아가씨들이 길에서도 스스럼없이 담배를 빼 무는 모습이 신기하기만 해서 담배 피우는 모습을 멀뚱히 쳐다보던 때였다.

하바로프스크에서 17시간의 긴 기차 여행 끝에 마지막 종착역으로 도착하였던 곳이 지금도 일하는 나호드까다. 누구 하나 마중 나와 주는 이 없던 쓸쓸한 기차역, 그때 그 모습 그대로 지금도 기차역은 변함없이 떠나는 이들을 보내 주고 찾아오는 이들을 맞이하면서 자기 모습을 지키고 있다.

그때 처음으로 기차역에서 만났던 나호드까 고려인 유라가 있었다. 해맑은 미소로 차 안에서 누군가를 기다리면서 나를 유심히 바라보던 내 또래의 남자였다.

어색한 모습으로 가까이 다가가 한국말로 이름이 무엇이고 어디에 사느냐고 물어도 손만 내졌던 그 사람은 이제 이 세상 사람이 아니다. 처음으로 말을 걸었던 사람이라는 그것 하나만으로 이상하게 친근감이 들어 늘 관심을 갖고 전도를 하려 노력했지만 결국 교회 한 번 나오지 못하고 이 세상을 떠났다. 내가 전도하면 "교회에 가면 여자도 술도 담배도 못하게 하니까 재미없어 안 간다."며 사절했던 사람이다.

늦은 밤 음주운전으로 차를 몰고 집으로 오다가 중앙선을 넘어 마주 오는 차와 정면충돌하는 사건으로 사망하고 말았다. 사십이 다 되도록 총각으로 살았다고 생각했던 유라 장례식 때 조문객으로 찾아가니 웬 러시아 여자가 상복을 입고 울고 있었다. 여의사로서 유라와 동거하며 살다가 여자 아이까지 있다고 했다. 지금도 기차역을 방문하면 유라가 주차장 차 안에 앉아 나를 보고 웃는 듯하다. 그때는 쌀쌀한 날씨에 가랑잎이 바람에 쓸려 날아다니던 가을이었다.

나호드까에 양 선생과 처음 도착해서는 어느 고려인 집을 찾아갔다. 나를 부탁할 그 집에서 만난 분이 손 선생이었다. 거리 이름이 똘스또바 9번지였다. 처음에는 똘스또바라는 말이 유명한 러시아 작가 똘스또이의 사촌쯤 되는 이름으로 알았다. 나중에 알고 보니 뚱뚱하다는 뜻을 가진 러시아어였다.

텃밭이 있고 집 외벽은 나무로 마무리하였으며, 낮은 울타리로 집 둘레를 막아 자기 구역이라고 표시한 것이 전형적인 러시아 주택이었다. 아래쪽은 좀 더 고급스럽게 지은 집이 있는데 물어보니 일본 사람들이

2차 대전에 패전하고 포로병으로 있다가 지은 집들이라고 알려 주었다. 그 말을 듣고 집들을 다시 보니 일본식 양식이 분명했다.

손 선생님 집에는 여자가 없었다. 부인은 사할린에 가시고 혼자 계신다고 했다. 자기는 한국 현대라는 회사에서 통역으로도 일을 해봐서 경험도 있으니 목사님은 저와 같이 사업을 하면서 동업을 하자고 나를 만나자마자 사업 이야기부터 하던 사람이었다.

첫 만남에 기분이 묘하게 느껴졌다. 목사는 사업가가 아니고 하나님에 대하여 가르치고 전해야 되는 사람이라고 설명해도 막무가내였다. 한국 사람을 만나기 어렵던 시절이라서 그러면 자기들에게 삼성이나 LG라는 큰 회사를 소개라도 좀 해 달라고 졸라대곤 했었다. 한국에 나갈 기회가 되면 어떻게 힘써 보자고 어렵게 대답을 피했으나 늘 가슴이 답답했었다.

당시 이 손 선생의 사위 세르게이가 나에게 또 같이 사업을 하자고 끈질기게 프러포즈를 해 왔었다. 그래도 나의 대답은 한결같았다.

"나는 이곳에 선교를 하러 온 목사입니다. 당신들과 같이 사업을 할 만한 사람이 못 됩니다."

나에게 구걸하다시피 사업을 하자고 제안하였던 형제는 2008년도에 부산 해운대에서 제일 큰 호텔을 인수하여 운영하는 거부가 되었을 뿐만 아니라 세계 여러 나라에 부동산을 운영하는 거부가 되어 있다. 선교를 하면서 경제적으로 어려움에 처할 때면 그 사람과 사업을 같이 안 한 것이 잠깐이나마 슬그머니 후회되기도 하였다.

그런데 어느 날 모스크바의 특수 경찰들이 이들의 밀수에 대한 정보를 입수하고는 체포하기 위하여 나호드까로 왔었다. 이들이 어떻게 돈을 벌었는지 자세히 몰랐다가 그때 비로소 알게 되었다. 그동안 이들이 고기 밀수로 큰돈을 벌게 된 내용을 알고는 그들과 함께 하지 않은 것을 하나님께 감사했다. 그들은 모스크바에서 체포조가 내려온다는 정보를 미리 알고 해외로 다 도망을 가서 한국과 태국, 캐나다 등에서 여전히 사업가로 잘 살아가고 있다.

그리고 나는 해운대 호텔에서 하루 잠자기에도 가난한 선교사이다. 그러나 그랜드 호텔과 비교가 안 되는 하나님 나라에서 영원히 왕 노릇하며 살 것을 믿는다.

누가 복음 19장에 주신 약속의 말씀처럼 통치권을 하나님께로부터 받아 여러 고을을 영원토록 다스리며 살 것을 믿는다. 구원받은 백성으로서 하나님 나라의 백성이 되어 하나님과 함께하는 축복은 영원한 것이다.

그 안에 모든 것이 있다. 영원한 것은 영원히 영원하니까. 영원으로 보면 한 점에도 불과하지 않은 이 세상과 영원한 우리의 영적인 축복과는 얼마나 차이가 많은가? 그래서 나는 오늘도 선교지에서 내 일을 기쁨으로 감당하고 있으며 하늘나라를 소망하면서 오늘을 살아가고 있다.